중국의 기업과 경영

이상윤 지음

신아사

머리말

2019년 중미 간 무역분쟁이 계속적인 화두가 되고 중국기업 화웨이에 대한 미국정부와 미국기업의 견제가 신문의 1면을 장식하게 되었다.

중국은 어떻게 이해해야 할 것인가? 중국기업은 어떻게 이해해야 할 것이며 경영은 어떻게 이해해야 할 것인가? 또한 중국기업의 경영은 그러면 어떻게 이해해야 할 것인가? 이러한 질문들은 저자에게 항상 생기는 질문이었고 저자가 중국에서 석사와 박사학위를 받고 중국에서 주재원생활을 하는 과정 가운데에서, 또한 중국의 기업과 중국기업의 경영을 연구하는 과정 중에 계속적으로 이어지는 질문이었다.

중국은 크고 중국 각 지역, 각 계층, 각종 기업형태에는 모두 상이한 측면과 유사한 측면이 존재한다. 우리에게 있어 너무나 중요한 중국, 그리고 중국시장을 이루는 기업이며 이들을 이해할 수 있는 기업경영방식이지만 우리는 너무 이들에 대해 무지하고 연구가 부족한 실정이다. 그러면 저자 스스로는 얼마나 잘 알고 있을까?

이러한 스스로에 대한 자성과 앞에서 제시한 질문에 대한 대답으로 이 책을 쓰게 되었다. 중국은 시장이 매우 광대하고 앞으로의 성장기회와 가능성도 크기 때문에 안일하게 대처할 수 있으나 이는 천만의 말씀이다. 중국경제에서 중국기업의 의미, 각종 기업형태에서 현재의 모습에 이르는 과정, 국유기업, 민영기업과 외자기업의 경영을 두루 살펴보고 중국 현지에서 기업을 운영하면서 현지화를 이루는 방법을 생각해보는 것은 매우 중요하다고 생각된다. 이를 통해 철저하고 기본에 충실한 준비를 통해 중국기업과의 협력 및 대중국 투자를 진행하는 것은 성공의 가능성을 높이는 길이라고 생각된다.

부디 이 책이 기회이자 도전의 땅인 중국에서 한국기업이 성공을 거두는데 도움이 될 수 있기를 희망해본다.

그리고 저자가 중국에서 석사학위를 취득하는 과정 중 지도해주신 範愛軍 교수님, 박사학위를 취득하는 과정 중 지도해 주신 張國有 교수님, 저자에게 연구자가 되는 기본과 자세를 가르쳐주신 성균관대학교 김용준 교수님, 지금의 저자가 되도록 도와주시고 이끌어주신 박기수 교수님, 오원석 교수님, 이정열 교수님께 진심으로 깊은 감사를 드리고 싶다. 또한 저자에게 많은 지식과 깨달음을 주셨던 이상빈 교수님, 조대원 교수님, 김주원 교수님, 강용중 교수님께 깊은 감사를 드린다. 이와 함께 저자가 기업실무 분야에서 배우고 성장할 수 있도록 도움을 주신 안기철 이사장님, 이승열 대표님, 이윤종 팀장님께 진심으로 감사를 드리고자 한다. 그리고 항상 저자를 믿고 지원해주신 사랑하는 아버지, 어머니께도 감사를 드린다.

아직 부족한 부분이 많을 것으로 생각된다. 앞으로 개정판에 부족한 부분을 더욱 보완하고 개선하고자 한다.

마지막으로 출판의 기회를 주신 신아사 정현걸 대표님과 한규갑 상무님, 그리고 편집진에게 깊은 감사를 드린다.

2019년 8월

저자 이상윤

목차

중국의 기업과 경영

I. 서론

처음 중국기업에 대해 관심을 가지고 이해하기 시작할 때부터 지금까지 22년의 시간이 흘렀다. 그 가운데 중국에서 석사와 박사학위를 취득하고 기업에서 중국 진출과 해외직접투자 프로젝트에 참여해 보았고 중국 내 주재원 생활도 경험하였으며 연구교수를 통해 학술연구도 진행하였고 현재 학생들을 가르치고 '중국의 기업과 경영'이라는 주제로 책을 쓰면서 다시 한 번 많은 고민을 하게 되었다.

중국은 무척 다양한 모습을 보여주고 있다. 우선 지역별로 매우 다른 모습을 보여주며 부유하고 발달된 지역과 발전이 더딘 지역이 존재한다. 중국정부가 사회주의 시장경제체제를 채택하면서 사회주의적인 전통과 자본주의적인 특성을 가진 시장경제, 그리고 역사적으로 형성되고 발전되어 온 사상체계까지 다양한 모습을 보여준다. 중국에는 다양한 기업형태가 존재하여 국유기업, 민영기업, 외국계 투자기업, 개인사업체 등 매우 다양하고 상이한 기업들이 서로 다른 방식으로 기업을 운영하고 있다. 이외에도 중국은 우리에게 다양한 측면에서 매우 중요한 의미를 가진다. 정치적, 경제적으로 매우 중요하고 무역 분야의 파트너로서, 해외투자대상국으로서 우리에게는 심대한 영향을 주고 있다.

이러한 중국의 기업과 경영을 어떻게 정리하여 일관성있게 제시할 것인가 하는 생각이 저자로 하여금 고민과 더 많은 노력을 하게 만들었다. 저자는 첫 번째로 중국기업에 대한 체계적인 이해를 하도록 경영사적인 측면에서 중국기업을 살펴볼 수 있도록 하였다. 둘째로 중국기업의 경영을 구체적이고 입체적으로 이해하도록 하기 위해 중국기업의 경영환경을 먼저 살펴보고 국유기업의 경영, 민영기업의 경영 그리고 외자기업의 경영을 같이 알아볼 수 있도록 하였다. 국유기업, 민영기업 및 외자기업을 잘 이해하도록, 그리고 너무 어렵지 않고 직관적으로도 이해를 돕기 위해 저자가 다년간 실제로 촬영한 사진을 활용하고자 하였고 국유기업, 민영기업과 외자기업의 사례를 간결하게 정리하여 중국기업을 이해하기 위해 중요한 몇 가지 주제별로 제시할 수 있도록 하였다. 세 번째로는 중국기업의 현황과 국제화 현황을 살펴보면서 중국기업에 대한 이해를 증진시키고자 하였다. 마지막 부분은 중국 현지 기업경영, 특히 중국 내 현지화에 대한 방법론을 제시하고자 하였다.

중국 관련 교재도 이미 출판되었고 중국경제나 경영과 관련된 서적도 존재하지만 늘 부족한 부분이 느껴졌다. 특히 중국기업과 중국기업의 경영에 대해 체계적으로 다양한 주제를 포함하여 쓴 교재가 항상 필요하다고 생각되었다. 중국은 우리에게 너무나 중요한 무역 파트너이자 투자대상국으로서 우리는 중국기업과 그들의 경영에 대해 잘 이해해야 한다고 느꼈기 때문이다. 중국적 경영의 요체는 균형을 잘 잡는 것이라고 할 수 있다. 중국의 기업과 경영을 이해하기 위해 많은 부분을 이해하고 잘 알아야 한다. 또한 이를 둘러싼 정치와 경제 분야를 잘 이해해야 한다. 이를 통해 중국기업과 경영을 보는 균형감

각을 키워야 한다. 부디 이 책이 중국기업과 중국기업의 경영을 이해하고 중국 현지투자, 중국 현지의 기업경영을 성공적으로 하는데 작은 도움이 되었으면 하는 마음을 가져본다.

II. 중국기업에 대한 이해

1. 중국기업의 역사적 배경

중국 명대부터 이미 현대적 경영방식과 경영조직을 가진 기업이 '상방(商幇)'이라는 형태로 출현하였다. 중국에서 제조업 및 상업분야 산업조직은 당대(唐代)이후 비약적인 발전을 이루게 되었다. 1655년부터 1911년까지 베이징(北京), 수저우(蘇州), 한커우(漢口), 총칭(重慶), 창샤(長沙), 광저우(廣州) 등 20개 대도시에 대한 사료[1)]에 따르면 상인조직인 상방(商幫)의 상방회관(商幫會館)의 수는 베이징(北京), 상하이(上海), 수저우(蘇州), 한커우(漢口), 청두(成都)와 다주(大竹)를 포함한 총칭(重慶), 후난(湖南) 기타지역을 포함한 창샤(長沙), 광저우(廣州) 및 포샨(佛山), 항저우(抗州) 지역에서 각각 7개, 22개, 26개, 27개, 14개, 2개, 2개, 20개로 전체 598개 상업조직 거점 중 120개에 이르는 것으로 나타났다.

특히 중국 고대시기로부터 중요한 재정수입이자 정부의 행정업무 중 중요한 부분이었던 염업행정(鹽業行政, 일반적으로 '鹽政'으로 부름) 제도가 명대 초기부터 정부가 상인을 모집하여 중국 국경지역인 변경(邊

1) 彰澤益, 『中國工商行會史料集:下册』, 中國: 中華書局, 1985; 曲彦斌, 『行會史』, 中國: 上海文藝出版社, 1999, 재인용.

〈그림 2.1.1-1〉 광저우시 진씨가문의 서원[2)]
자료: 저자 직접 촬영

境) 지역의 군량과 말 등의 물자를 공급하게 하고 식용 소금 등을 판매할 수 있도록 하는 개중(開中)제도로 개편되면서 산서상인(山西幇) 등 상인조직을 태동시켰다.[3)]

명대에 객상(客商) 중 상품을 가지고 원거리에 가는(사업을 영위하는) 자, 즉 같은 고향이나 같은 일을 하는 관계에 있는 단체를 구성하는

2) '廣州陳家祠'라고도 부르며 광저우 종산7로에 위치하며, 1894년 광동성 72개 현 진씨가문에서 공동으로 출자하여 만든 서원으로 진씨 가문 자제들이 성 내에서 과거준비, 부임준비, 납세 및 소송 등을 준비할 때 사용하던 장소라고 알려짐. 진씨서원 건축 및 개축 시 진씨 가문의 신사(仕紳)들은 물론 陳淡甫 등 거상들이 많은 금액을 기부하여 건립하게 되었음(陳家祠修建始末 자료, http://www.gzzxws.gov.cn/gzws/gzws/ml/45/200809/t20080916_8332.htm, 2019년 7월 9일 검색).

3) 王俞現, 『中國商幇600年』, 中國: 中信出版社, 2011, 제1장.

사람들을 속칭 객방(客幇)이라고 하였으며, 경방(京幇). 진방(津幇), 섬방(陜幇), 산동방(山東幇), 산서방(山西幇), 소방(紹幇), 광방(廣幇) 및 천방(川幇) 등이 있었다. 이러한 상인조직인 '상방'은 일정 지역을 중심으로 하는 자발적이고 느슨한 상인집단을 의미하였다.[4)]

명대 광동상인은 '방(幇)'을 통해 결합된 기업조직이었다. 이중 '광방' 상인은 광주방(廣州幇), 조주방(潮州幇), 객가방(客家幇) 등이 있었다. '광주방상인'은 명청시기의 유명한 지역상인집단으로 소속지역(籍貫)이 광저우푸 부근(廣州府附近)인 상인이었다. 이들은 광저우푸(廣州府)에 속한 주지앙(珠江) 삼각주 각 현(縣) 및 시(市)의 상인으로 구성되었다. '조주방(潮州幇)' 상인은 소속지역이 '차오저우푸(潮州府)'에 속하고 '조주어'를 사용하는 하이양(海陽) 차오양(潮陽), 지에양(揭陽) 등 지역의 상인집단이었다. 당시의 조주방 상인은 주로 '해구(海寇)' 상인집단으로 푸지엔(福建), 장저우(漳州), 취앤저우(泉州)의 해구상인집단과 연계되어 남부 마카오(南澳)를 거점으로 밀수 등으로 무역활동을 하며, 명조와 무장대항을 하기도 하였다. 이에 비해 '객가방(客家幇)' 상인은 차오저우푸(潮州府), 훼이저우푸(惠州府) 및 지아잉(嘉應, 또는 메이저우, 梅州) 등 3개시와 각 지급시(地級市)의 객가인 집단이었다.

객가방 상인은 광주방, 조주방보다 늦게 형성되었으며, 주로 청대부터 발전되기 시작하였다. 다만 형성된 이후 사업 및 무역을 영위함에 있어 매우 활발하여 중국 각 성 및 각 지역과 해외 각국에서 사업을 펼쳐나갔다.

---

4) 黃啓臣, 『廣東商幇』, 中國: 黃山書社, 2007, 제2, 3, 4, 5장.

광동상인은 자본을 조달하기 위해 다양한 방식을 취하였다. 첫 번째는 독자형(獨資型)으로 막대한 자금력을 이용하여 선박을 제작하고 직원을 고용하여 해외무역 및 연해지역 무역에 종사하는 상인이 채택한 경영방식이다. 이들 중 자본가는 선주(船主)로서 수백에서 천명에 이르는 선원을 모집하였다. 이들 선원은 의남(義男) 및 후생(後生) 등 특별한 관계를 가지는 사람들로 충원되었다. 이들 중 의남 및 후생은 실질적으로 상인 가족 내의 하인(奴僕)에 해당된다고 할 수 있다.

둘째로 합자형(合資型)은 대규모 또는 중소규모 상인들이 합자형태로 선박을 제작하거나 선박을 구매하여, 상인선박 무역선 함대(船隊)를 형성하여 해외무역에 종사하는 경영방식이다. 선주(富豪者)는 해외무역의 모든 사무를 관장하고 가장 큰 자본을 투자하고 다른 자본가들이 함께 자본을 투자하였으며 그 수익이 백여 배에 달하였다.

이러한 합자형 경영방식은 무역업무를 운영함에 있어 광동상인, 경영자(攬頭) 및 외국상인이 무역업무의 각 프로세스에서 비즈니스 및 무역네트워크를 구축하는 것을 의미하며, 광동상인(海商, 船主)는 무역상품의 대금을 경영자에게 지급하며 경영자는 외국이 필요한 중국상품(비단, 도자기, 칠기 등)을 구입하여 광동상인(海商)에게 제공하여 외국 및 외국상인과 무역을 진행하게 하는 것이다. 이때 샘플에 따른 가공무역이 이루어지며, 상품이 모두 도착한 이후 해외로 운반되어 상품을 주문한 외국상인에게 판매하게 된다.

셋째로는 임대형, 리스형(租賃型)으로서 상인들이 부호에게 선박을 임대하고 선원(水手)을 고용하며 기타 상인을 포괄적으로 관리(운영, 攬載)하여 해외무역을 진행하는 경영방식이다. 이러한 선박을 임대해

주는 '부호(富豪)' 출자인을 판주(板主)라고 하며, 그는 스스로 해외에 가서 무역을 하지 않으며 선박을 '선장(船長)'을 맡고 있는 상인에게 임대하여 해외무역을 진행하였다. 이에 비해 선장은 선박의 선원을 운영하며, 이러한 선박 상의 작업인원은 기술인력(舵工), 나침반 조작인원(伙長), 선원(水手) 및 다수의 상인(海商)을 포함하였으며, 선상의 선장은 큰 권한을 가지고 전체 선박의 모든 사무를 통괄하여 관리하였다. 구체적으로 선박운영에 대한 기술문제는 기술인력(舵工)의 책임이며, 그 중 나침반 조작인원(夥長)과 기술인력(舵工)이 가장 중요한 직무였다. 기술인력(舵工)과 나침반 조작인원(夥長)은 선장에 대하여 완전한 고용관계에 있는 것이 아니라 동시에 상선 상 화물의 투자자이기도 하였다. 이들 기술인력(舵工)은 상인 신분이었으며 선원이었다.

광동상인 중 '해구' 상인(海寇商人)들이 있었으며 이러한 상인을 명대의 사료에서는 '해구', '해적', '해도(海盜)'라고 하였다. 이러한 상인들은 명청시대 정부가 해금(海禁)정책을 취한 결과로 출현하였으며, 시장이 다시 형성되면 이들은 상인으로 전환되고 시장에서의 거래가 금지되면 해구로 전환되었다. 정부 및 관공서는 이들을 해구로 보았지만 일반 주민과 연해지역의 세력가는 이들을 해상무역에 종사하는 '밀수'상인으로 보았다. 연해지역의 세력가와 일반 주민은 이들과 종종 무역을 하였으며, 이들 해구상인을 보호하기도 하였다. 이들 상인은 종종 밀수를 위한 무장세력을 형성하여, 정부에 대항하기도 하였으며, 해상밀수무역에 종사하였다. 이들 해구상인은 '조주방상인'이 다수를 차지하였다. 명나라 정부는 이들 광동상인이 종사하는 민간의 해상무역을 대명률로 금지하였다. 명나라 정부는 민간무역이 발전하면 국가 간 조공무역의 질서를 혼란스럽게 할 것이라고 생각하였다. 그 이유로서 명조(明朝)에게 조공무역(朝貢貿易)은 중요한 해외구매의 플랫폼이었다. 조공무역을 담당하는 관리에게 있어 명나라 정부가 구매하는 품목에 참여하는 것은 합법적으로 부를 축적할 수 있는 수단을 가지는 게 되는 것이었다. 이에 비해 해구의 형태로 출현하는 것은 정부가 보기에는 이러한 합법적 무역체계에 대한 간섭 또는 저항으로 보였을 것이다.[5)]

또 하나의 유형으로서 관리상인(亦官亦商)이 존재하였다. 이들은 관리(官吏)와 상인의 이중 신분을 가지고 있었다. 명청시대 정부는 관리가 사업을 영위하는 것(經商)을 금지하는 법령을 가지고 있었지만, 계속적으로 금지하여도 이를 근원적으로 막을 수는 없었으며, 관리 중 사업을 하는 사람들이 적지 않았다. 청대에 와서 관리 중 사업을 하는 사람들은 더욱 많아졌다. 당시에는 은의 가치가 상승하고 관리의 급여는 여전히 평가 절하된 동전(銅錢)으로 지급되어 상당히 불리한 상황이 되었다. 그 이후 고관(高官)과 평민을 불문하고 금전, 즉 경제적인 이익을 추구하게 되었다.[6)]

심지어 해금시기에도 관리가 정책을 위반하여 해상무역을 하는 경우가 있었다. 청대에는 관리가 염업(鹽業)을 경영하여 무역에 종사하는 경우가 많았다.

이와 다소 다르게 관리에서 상인의 길을 선택(棄吏而商)한 경우도

5) 王俞現,『中國商幫600年』, 中國: 中信出版社, 2011.

6) 林滿紅 저, 詹華慶 외 역,『銀線』, 中國: 江蘇人民出版社, 2011.

존재하였다. 이는 지위가 낮고 녹봉(祿俸)이 적은 관리(官吏)가 생활조건을 개선하거나 부를 축적하기 위해, 작은 관리직을 포기하고 사업과 무역의 길을 선택하는 것이었다. 다소 다르지만 관료가 퇴직 이후에 사업에 종사(致仕經商)하는 경우도 있었다. 명청대 일부 타지역에서 일한 광동 출신 관료가 정년퇴직을 하고 관료시절 축적한 자본과 자산을 이용해 고향에서 사업에 종사한 것이었다.

또는 학문의 길을 접고 상인의 길을 선택(棄儒而商)하기도 하였다. 수차례 과거에 응시하여도 급제를 하지 못하거나, 부친이 경영하던 사업을 계승하기 위해 상인의 길을 선택한 경우가 이에 해당하였다. 농업을 포기하고 상인의 길을 선택(棄農而商)하기도 하였다. 명청시기 광동에서 상품경제가 발전하면서, 많은 농민들이 상업이 농업보다 더 많은 이익을 추구할 수 있는 것을 보고 자본을 모아 농업을 포기하고 상업 또는 사업에 종사하게 되었다.

이 당시에는 상업이 이미 광동사회에서 화제가 되는 직업이었고, 많은 사람들이 희망하였으며 기회가 되면 종사하고자 하는 일이었다.[7] 당시 사회에서는 사업을 영위해 부를 축적하는 것이 많은 사람들의 생각이었고, 광동상방은 이러한 인문사회적 환경에서 발전되었다.

산서상인은 진상(晉商), 산서상방(山西商幇) 등으로 불리웠으며, 주로 소금, 비단, 양식, 면포(棉과 布), 동(銅), 철(鐵) 및 지역 간 어음, 즉 자금결제 분야에 종사하였다. 특히 염상(鹽商), 차상(茶商), 표상(票商), 양포상(糧布商) 및 동상(銅商, 대일본 동(銅)무역에 종사함)이 가장 유명하였

7) 이를 당시 중국에서는 '非經商不能昌業, 無商不富'라고 표현했다.

다. 청(淸)대에 이르러 진상은 자본력을 바탕으로 중국 북방무역과 자금 결제시장을 통제하였다. 진상은 남쪽에서 홍콩, 북쪽으로는 시베리아, 모스크바, 성페테르부르크(圣彼得堡, Санкт-Петербург)까지 동쪽으로는 오사카, 나가사키, 인천 등까지 모두 진상이 진출이 이루어졌다. 청조(淸朝) 시기에 중국은 네이멍구(내몽고, 內蒙古)와 와이멍구(外蒙古)를 통일하고 장지아커우(張家口) 마시(馬市)[8]는 청조가 부상(浮上)하는 과정 중에 중요한 역사적인 위치를 차지하게 되고 장지아커우(張家口)와 쿠룬(庫倫[9]) 간 무역을 연결하게 되면서 경제적으로 중요한 위치를 차지하게 된다. 이때부터 상하이가 무역항으로서의 역할을 대체할 때까지 장지아커우는 중요한 중-러시아 간 무역도시가 된다. 장지아커우에서 러시아에 수출하는 경우 장지아커우에서 세금을 납부하고 화물을 쿠룬으로 보내며 검사를 담당하는 대신(大臣)이 서류를 검사하며 여권을 납부하면 캬흐타 출구까지 운송되었다. 청조와 러시아가 1727년 캬흐타(恰克圖, Хяагта, 러시아와 몽골국경 사이에 접해 있는 러시아 도시로서 원래는 중국의 영토였음)에서 무역조약을 체결하면서 일약 중국-러시아 무역의 중요거점이 되었고 산서상인은 낙타와 말이 이끄는 상단 또는 선단을 이끌고 캬흐타로 가게 되었다.[10]

진록(晉錄)에 따르면 일부 지역 산서상방의 대규모 상인 중 수십만 량의 은화(兩銀)이 아니면 부자라고 할 수 없다고 했을 만큼 이들은

8) 관리, 평민 등 중국인과 북방 변경지역 몽고인 등이 말 등을 거래하는 무역활동을 진행한 시장.

9) 네이멍구자치통리아오시(內蒙古自治區通遼市)에 위치 진(鎭).

10) 王俞現,『中國商幫600年』, 中國: 中信出版社, 2011.

경제적인 성공을 거두었다.

진상의 경영활동은 주로 상호(商號:제조업)와 표호(票號: 금융업)를 통해 이루어졌다. 진상(晉商)은 가족이 설립한 '호(號)' 아래에 십여 개에서 수십 개의 분호(分號) 또는 자회사를 가지고 있었으며, 중국 전역에서 해외까지 분포되어 있으며, 경영범위는 곡물, 면(棉), 천(布), 차(茶), 비단, 염료, 식품 및 잡화 등 일반적 소비재에서 은(銀, 화폐), 금전, 어음 및 유가증권(票据) 업무에 이르기까지 다양한 분야를 포함하였다. 진상은 당시 북방 해외무역을 장악하였다. 산서상인들은 무역규모가 증대하면서 현금 또는 백은(白銀)을 휴대해야 하므로 큰 리스크를 지게 되었다. 1823년 중국 베이징(京城)에서 첫 번째 표호(票號)가 나타났으며 이러한 문제를 해결할 수 있게 되었다. 표호의 역할 가운데 가장 중요한 것은 타지역 간 어음 업무 등 금융업무와 상품보관업무를 할 수 있게 된 점이다.[11)]

이처럼 점차 확대되고 복잡해지는 경영환경 속에서 성숙하고 효과적인 경영관리방식이 없다면 효율적으로 산서상인의 기업조직을 운영하고 부단히 발전시키기는 것은 불가능하였다. 이들 진상(晉商)은 집권화되고 통합되지만 속박을 받지 않는 조직관리방식을 채택하였다.

첫째로 소유주(財東)는 자본가로서 소유권을 가지지만 직접 기업의 경영관리에 참여하지 않고 전문경영인(總經理)에게 이를 위임하여 자금운용권, 인적자원에 대한 조정 및 관리 권한, 즉 인사권, 일상업무 관련 경영권을 가지게 하여 전문경영인의 경영능력을 충분히 발휘하

11) 王俞現, 『中國商幫600年』, 中國: 中信出版社, 2011.

게 하였다.

둘째로 전문경영인이 '총호(總號)'에서 총호 내부의 각종 업무를 관리하는 것 이외에도 각지의 '분호(分號)'에 대한 통제를 실시하였다. 분호 및 표호의 총호는 기업 권력의 핵심이라고 할 수 있었다. 당시에 진상은 기업의 소유와 경영을 분리하고자 하였다.

셋째로 분호(分號) 경영자(掌櫃)는 상호의 마케팅 권한(業務開拓權), 자금운용권 및 인력자원 관리권을 가지지만, 조직기구의 설치, 자금의 조정, 임용 및 면직, 수익 분배 등 중대한 사안은 총호(總號, 본사)의 통제를 받았다.

넷째로 총호와 분호 모두에서 내부인원 배치의 기준은 '직무에 따라 사람을 배치하여야 하며(因事設人)', '사람에 따라 직무를 배치(因人設職)' 하지 않는다는 원칙을 지켰다.

다섯째로 진상의 기업조직구조에서 집중화되고 엄밀한 구조를 가지는 것은 진상 기업 간에 서로 협력하지 않고 분리되는 것을 의미하는 것이 아니고, 각 소속기업들 간에 광범위한 수평적인 연계성을 가지는 것이며 적절한 지원(자원 제공, 相與)을 해주는 것이었다.

이를 통해 소규모 제작업체가 자금 상의 어려움을 겪을 때 산서상인 기업의 본사는 자금지원을 해주는데, 이는 상품의 품질을 보증하고 이들 제작업체와의 관계를 공고히 하며 제품 구매의 원천을 보장하게 되고 장기적 이익을 위한 기초를 마련하게 되었다.

진상의 발전 과정 중 초기와 중기에는 총호의 유효적절한 통제 하에서 각 분호들이 서로 견제하고 협력하면서 시너지 효과를 내고 각종 제품과 서비스 업무가 발전하게 되고, 이는 자금운용과 정보교류의 측면에서도 그 장점을 살리게 되었다.

산서상인은 권한과 책임소재가 명확하고 상벌이 분명한 인사관리 제도를 채택하였다. 그중 경영자에 대한 인센티브제도(激勵)는 현대 기업경영에도 많은 시사점을 가져다준다고 할 수 있다.

경영자(經理)를 채용하기 전에 엄격한 평가를 진행하였다. 후보자의 덕행을 평가하기 위해 직접 면담을 하고 동료 및 해당 경영자 후보자를 알고 있는 지인의 평가를 듣게 되며, 각종의 환경을 만들어 품행이 올바른지를 파악하며, 행위를 살펴보기 위해 후보자가 '공격'과 '방어'가 가능한지와 함께 전략적 사고가 있는지를 살펴보았고 여러 측면에서 증거를 확보하기 위해 많은 노력을 기울여 이 후보자가 정말 그 직무를 담당할 수 있는지 확인할 수 있었다.

다만 한번 채용되면 소유주는 전권을 위임하고 시종 사람을 사용하면 의심하지 않고 의심되는 사람은 사용하지 않는 원칙을 지켰다. 산서상인은 경영자의 일상적인 경영활동에 대해서는 과도한 간섭을 하지 않고 맡기고 경영하게 하며, 연말결산까지 조용히 기다렸다.

첫째로 소유주는 경영자를 충분히 신뢰하였다. 자본, 인사, 영업 및 관리에 대한 포괄적 권한을 경영자에게 위임하여 책임지게 하였다.

둘째로 경영자의 소득(급여, 계약에 따라 고정된 부분)과 지분소득(잉여소득)은 소유주가 결정하였다. 이는 일반직원의 급여보다 월등히 높은 수준이었다. 이러한 경우 경영자는 경영자지분(身股)가 있으며, 이는 금전적 지분(銀股)과 상대적인 개념으로 구성원이 자신의 노동력에 의해 지분을 투자한 부분으로서, 경영자지분이 있는 경우 소유주가 금전적으로 투자한 지분과 같은 기준으로 수익을 분배할 수 있는 권리를 가졌다.

셋째로 소유주는 경영자의 실적에 따라 연말에 또는 회계기준으로 경영자의 소득과 지분을 증감하고, 공개적인 장소에서 실적이 우수한 경영자를 칭찬하고 실적이 나쁜 경영자에 대한 모욕을 주어, 정신적인 파저티브(+), 네거티브(-) 인센티브를 주고 영향력을 행사하였다.[12)]

산서상인은 단순히 상품매매에 종사하는 상인이 아닌 기업가로 활약하면서 기업조직을 가지고 있었다.[13)] 그 예로서 산서상인이 차(茶)무역업에 종사하면서 차(茶) 구매, 제조 및 포장분야에서 운송과 판매를 포함하는 경영방식을 구사하였다. 이에 따라 제조, 물류 및 영업을 포함하는 산업의 가치사슬을 포괄하는 기업조직을 보유하여 기업조직과 산업조직이 융합되는 특성을 보여주었다. 당시 산서상인은 어떤 다른 상인보다 먼저 성공한 상인이 되기 위해서는 반드시 산업수준의 가치사슬 전체를 장악해야 한다는 것을 발견하였다. 그들은 세계최초로 효율적이고 유기적으로 결합된 산업가치사슬을 보유한 상인이 되었던 것이다.[14)]

산서상인은 자본 조달을 위해 다양한 방법을 이용하였다.[15)] 첫 번째 유형은 가장 먼저 출현한 조합형태인 '행방(行幫, 산업조직)'으로서 각 지역 제조업체인 상호(商號)가 상방회관을 만드는 방식이었다. 이러한 방식은 각 행방조직의 기본 단위가 여전히 독립적인 경영주체로

12) 劉建生,『晉商研究』, 中國: 山西人民出版社, 2005.

13) 劉建生 외,『明淸晉商制度變遷研究』, 中國: 山西人民出版社, 2005.

14) 王俞現,『中國商幫600年』, 中國: 中信出版社, 2011.

15) 劉建生 외,『明淸晉商制度變遷研究』, 中國: 山西人民出版社, 2005.

서 각 행방의 회원사는 독자적인 자본과 자원을 가지게 되는 느슨한 운영방식을 의미하였다.

두 번째 방식은 자본결합협력제도(合本共作制)로서 두 개 또는 두 개 이상의 파트너(合夥人)가 공동으로 자본을 투자하고 함께 경영하며 자본투자금액에 따라 이윤을 나누게 되는 제도였다. 이러한 방식에서 화폐, 판매용 상품 및 상가건물 등을 투자하였으며 이들 투자에 이용되는 대상물은 화폐와 실물 등 2가지로 나누어 볼 수 있었다.

세 번째 방식은 명대 중후기에 내륙지역의 상인인 '내상(內商)'과 국경지역의 상인(邊商)이 협력하여 윈-윈관계를 이룰 수 있는 내상 변상 간 파트너십제도(朋夥制)로서 이는 '내상'이 중요한 상품인 식용 소금을 매우 저렴하게 구입할 수 특권을 이용하여 국경지역에 거주하는 '변상'과 협력하여 자본, 역량 등을 투입하여 각 파트너의 강점을 보완하는 제도이다. 이는 내륙지역의 내상과 국경지역의 토착상인인 변상 간에 위탁관계 또는 대리관계가 형성되는 것이다.

네 번째 유형은 동업자제도(夥計制)로서 출자인이 품행이 단정한 자를 선택하여 동업자로 하며 그에게 자본금을 납입하게 하고 경영하게 하여, 출자인은 동업자를 감독하고 동업자는 출자인에 대해 충실한 책임을 지게 하는 방법이다. 이는 세 번째 방식이 토착상인인 변상이 받을 이익이 낮을 수 있기 때문에 변상이 내상에 대한 신의를 지키지 못할 수 있는 위험을 회피하고자 하는 것이었다.

2. 중국 기업경영과 경제적 환경

국공내전에서 승리를 거둔 후 마오쩌동은 1949년 10월 1일 정식으로 중화인민공화국이 수립되었음을 선포하였다. 농촌을 근거지로 국공내전에서 승리한 중국 공산당정권은 지주가 소유하고 있던 토지와 건물을 몰수하여 이를 농민에게 배분하였다.[16] 이러한 토지개혁에 따라서 농민에게 부과되었던 부담은 대폭 경감되었고 농민들의 몫은 늘어나게 되었다. 이에 따라 농민들의 노동의욕은 크게 높아져 식량생산량은 1949년의 1.1억톤에서 1952년의 1.6억톤으로 증가하였다.

도시에서도 공산당 정부가 진행하는 개혁이 꾸준히 진척되어, 중국 공산당 정부는 정부수립 초기까지 구(舊) 재벌자본과 외국계기업을 국유화하면서 민영기업(민간기업)과 개인기업 등을 포함한 다양한 경영방식을 인정하였다.

중국정부는 3년간의 부흥기 이후 1953년부터 제1차 5개년 개발계획을 실시하였다. 이러한 계획 중에 사회주의적 개조와 중공업화가 가장 중요한 목표로 설정되었다. 이 시기에 도시에서는 이전까지 인정되어 왔던 민영기업(민간기업)이 사실상 국영기업으로 전환되었다. 이들 국영기업은 이를 주관하는 정부기관이 경영자를 대신하여 최고

---

16) 알랭루 저, 정철웅 역, 『20세기 중국사』, 현대, 책과함께, 2011, 제1~5장, 6~10장; 허야오민 저, 김승일 역, 『중국경제사』, 집옥재, 2010, 제7~8장; 이태영 등, 『동서양의 역사와 문화』, 백산출판사, 1996, 제6, 7, 8, 10, 11, 12장; 송영배, 『유교적전통과 중국혁명』, 철학과현실사, 1992, 제3장.

의사결정권을 가지고 있는 경우가 많았다. 이러한 '정기합일(政企合一)' 문제는 최근까지도 국유기업 경영자들의 경영활동과 기업개혁의 어려움을 가중시키는 요인으로 작용하였다. 당시에는 국영기업 내 종업원의 고용이 보장되어 있고 대규모의 국영기업 중에는 기업조직 이외에도 주택, 병원과 복지시설 등의 각종 시설이 포함되었다. 이에 따라 종업원의 노후생활도 기업이 돌보는 경우가 생기게 되었다. 이렇게 정부가 갖추지 못한 사회보장의 기능을 기업이 이행하는 시스템을 구축하였지만 이러한 측면은 국유기업에 큰 부담이 되고 국유기업 개혁의 큰 걸림돌이 될 수밖에 없었다.

농촌에서는 경제수단의 '사유(私有)화'를 부정한 '농업합작사(農業合作社)'가 200에서 300호 규모의 농가를 단위로 설립되었고 1956년에 이르러서는 전 농가의 96%가 합작사에 포함되었다. 1958년 농업합작사를 합병하여 2,000에서 3,000호 규모의 농가로 구성된 정치적 역할과 인민공사의 역할이 결합된 '정사합일(政社合一)'의 조직인 '인민공사(人民公社)'를 설립하였다.

이 시기 중국정부에게는 중공업화를 실현해야 하는 절박함이 있었고 이를 위한 자금을 만들어 내는 일이 인민공사에 요구되었다. 구체적으로 살펴보면 생산된 식량과 농산물 중 농민이 필요하는 양만큼 농촌에 나누어 주고 이를 초과하는 잉여분을 저가에 정부에 공출하도록 하였다. 또한 이들 잉여 생산된 농산물을 국유기업을 통해 가공하여 높은 가격으로 소비자들을 대상으로 판매하였다. 이와 같이 판매와 구매의 차익 중 발생한 잉여금은 중공업 육성을 위해 투입되었다. 당시는 냉전시기이었기 때문에 구소련에서만 대외원조를 받을 수 있었다. 이에 따라 공업화를 실현하기 위해 필요한 자금은 농촌, 즉 농업부문에서만 조달할 수 있었다.

1957년 가을부터 시작된 대약진 운동이후 '노동축적'이라고 불린 자본건설에서 비참한 결과를 맞게 되었다. 건설 활동이 활발해 지면서 건설자재, 철강이 특히 부족해졌다. 당시에는 현대적인 제철시설이 부족하여 가능한 모든 땅에서 영세한 고로(高爐)를 만들어 부족한 철강 생산을 하려 했으나, 결국 이러한 시도는 안타깝게도 생산된 철강이 쓸만한 것이 되지 못하였고 중국판 '경사생산방식(傾斜生産方式: 1946년 일본에서 실시된 정책으로서 부족했던 자본과 원료를 가장 중요한 철강과 석탄산업에 집중적으로 투입하여 이들 산업들을 중심으로 경제부흥을 이루고자 함)' 뒤에는 황폐화된 토지만을 남기게 되었다. 결국 많은 농민들은 농업생산을 포기하고 공공식당제도 하에서 과잉소비로 인해 다음 해 심을 종자까지 먹어버린 후 1959년부터는 심각한 식량난이 발생하게 되었다.

대약진이 실패로 끝나고 정치적 이데올로기를 중요하게 여겼던 마오쩌동 노선은 리우샤오치(劉少奇), 덩샤오핑(鄧小平) 등이 이끄는 '경제중시체제'로 전환을 이루게 되었다.

그 결과 리우샤오치(劉少奇), 덩샤오핑(鄧小平) 시기에는 설비투자를 축소하고 농업 및 경공업을 중시하는 경제운영방침이 채택되었다. 이 시기에는 식량부족에 대처하기 위해 도시건설에 동원되었던 농민들을 농촌으로 보내었으며 대학입시와 병역 등을 제외하고 원칙적으로는 농촌에서 도시로 이동하는 것이 엄격하게 금지되었다.

덩샤오핑이 추진한 개혁개방은 농업, 공업, 국방 및 과학기술 등 4개 분야의 현대화를 국가적인 목표로 설정하였다. 경제분야에서는 시

장경제체제를 채택하였고 대외적인 측면에서는 중국의 문호를 여는 대외개방정책을 실시하였다.[17)]

첫째로 중국정부는 농업분야에서 '집단소유제(集體所有制)'의 틀을 유지하면서 생산자인 개별농가에 대폭적인 의사결정권을 허용해주는 농가경영 책임경영제(承包制, 청부제)를 채택하였다. 이는 사전에 할당된 양을 정부에 판매하고 농업세와 공과금을 납부한 후에는 잔여분을 농민이 자유시장에서 판매할 수 있도록 인정해 주는 방식이었다.

1982년에 중국정부는 향(鄕)급 행정지역을 통해 인민공사를 대체하고 하면서 인민공사 해체가 결정되어 집단소유제의 구조자체를 변화시켰다. 이러한 개혁조치를 통해 개별농가의 생산의욕이 제고되면서 식량의 생산량은 1970년대 후반이후 급증하게 되었다.

농촌의 비(非)농업분야에서는 1958년 '인민공사가 기업을 만들어야 한다(人民公社必需辦工業)'는 정부의 지시에 '사대기업(社隊企業)'을 만들었고 이들 인민공사 소속 중소규모 공장들은 1983년에서 1984년 사이에 급속히 성장하였고 향진기업의 근원이 되었다. 1984년 이후 농촌 소재 기업가들이 투자한 민간기업 역시 향진기업에 포함되었다. 향진기업의 종업원수는 1978년부터 1996년까지 지속적으로 증가하였고 농촌의 고용창출과 소득향상에 기여하게 되었다.

중국정부는 1978년 이후 국영기업에 대한 개혁을 시작하였고 이 때

---

17) 유희문 외, 『현대중국경제』, 교보문고, 2004; 한중사회과학연구회, 『현대 중국경제의 이해』, 도서출판 이채, 2006, 제1부; 니시무라 시게오 외 저, 이용빈 역, 『중국의 당과 국가: 정치체제의 궤적』, 한울, 2012; 가토 히로유키 외 저, 백계문 역, 『진화하는 중국의 자본주의』, 한울, 2011년; 林毅夫, 『解讀中國經濟』, 中國: 北京大學出版社, 2012.

에는 국영기업이 이윤을 정부에 상납하지 않도록 하였으며 국영기업이 이윤 중 일부를 보너스, 투자 및 기업 구성원의 복지 등에 사용할 수 있도록 하였다. 중국정부는 1983년에서 1986년 사이에 국영기업의 이윤과 세금 간의 구분을 명확히 하였고, 중국정부는 국영기업이 법인세를 납부하도록 하였다.[18] 국영기업의 소유와 경영을 명확히 구분하게 되면서 국가는 기업경영에 직접 관여하지 않고 투자자로서의 역할을 하게 되었고 공유제기업을 지칭하는 명칭이 국영기업에서 국유기업으로 변경되었다.

1988년 계획경제체제에서 시장경제체제로 전환하는 과정 중 이중가격제(價格雙軌制)와 이로 인한 상품가격 왜곡 등 문제로 인해 심각한 인플레이션이 발생하였고 개혁조치는 시행이 연기되었다. 그 이후 개혁성향을 가진 자오즈양(趙紫陽: 국무원 총리 1983~1988년)에게서 보수성향을 가진 리펑(李鵬: 국무원총리 1988~1998년)으로 정권이 이양되면서 경제운영의 기조가 바뀌게 되었다.

덩샤오핑은 중국 정치무대에 보수파가 등장하여 향후 개혁이 정체될 것을 인식하게 되고 1992년 초에 '남순강화(南巡講話)'로 알려진 개혁이론을 발표하고, 사회주의 시장경제의 이념을 제시하였으며 개혁의 중요성을 천명하게 되었다. 그 결과로 국유기업을 포함한 중국기업들의 자주권(自主權)이 크게 증대되었다. 그 이후 기업의 소유형태는 국영기업, 집체기업(集體企業: 시, 현, 향 및 촌 등 지방정부나 농촌 지역 기업가나 집단이 경영하는 기업) 위주에서 다양한 소유형태로 변모되었다.

---

18) 이를 중국에서는 '利改稅'라고 함.

1981년 중국 국무원이 발표한 '도시비농업(城鎭非農業)개체경제에 대한 약간의 규정(關于城鎭非農業个体經濟若干政策性規定)'에 따르면 개체경영호(个体經營戶)가 일반적으로 1인 또는 가정에서 경영을 할 수 있도록 허용되었다.

1988년에 중국 국무원은 중화인민공화국사영기업잠행조례(中華人民共和國私營企業暫行條例)를 통과하여 발표하였고, 1989년 국가행정공상관리국에서는 '중화인민공화국사영기업잠행조례실시방법(中華人民共和國私營企業暫行條例施行辦法)'을 발표하는 등 민간기업인 사영기업에게 법적, 경제적 지위를 부여하는 노력이 이루어졌다. 1990년 이후 외국계기업의 투자가 활발하게 이루어지면서 경제특구를 중심으로 외자기업들이 설립되었다. 1994년 중국 전국인민대표대회는 '중화인민공화국회사법(中華人民共和國公司法)을 통과하여 발표하고 중국기업에 대한 주식회사제 개혁이 시작되었고, 1998년에 중국 전국인민대표대회는 '중화인민공화국증권법(中華人民共和國証券法)'을 발표하면서 주식회사제 개혁이 그 기준이 되는 법규를 가질 수 있게 되면서 개혁의 파고가 높아지게 되었다. 그 이후에 중국정부가 추진하는 개혁과 개방은 거시적인 부분과 대내외적인 환경에서 기업 내부환경인 기업조직구조와 경영방식으로, 다시 소유권과 소유구조에 이르기까지 진행되었다.

3. 중국 국유기업의 역사적 변천

중화인민공화국이 수립되기 이전부터 중국 공산당의 혁명근거지에는 국유기업의 원형인 공영기업(公營企業)이 존재하였다. 이러한 공영기업은 삼인단(三人團), 창무회(廠務會)와 공장관리위원회(工廠管理委員會) 등의 제도적 장치를 가지고 있었다. 중화인민공화국 수립 후 이들 공영기업은 국영기업(國營企業)으로 전환되었다. 1950년부터 국영기업은 일반적으로 공장관리위원회(工廠管理委員會) 및 직공대표대회(職工代表大會) 제도를 취하였다. 그중 공장관리위원회(工廠管理委員會)는 CEO(廠長, 사장), 부CEO(副廠長, 부사장), 총공정사(總工程師), 기타 생산책임자와 같은 숫자의 직공대표로 구성되었으며 사장이 공장관리위원회 주석 직무를 담당하였다. 기업경영과 관련된 직공대표대회의 결의는 공장관리위원회의 승인을 받고 사장의 명령으로 이를 발표한 후에 효력을 가지게 되었다.

1950년에서 1953년 사이 중국 동북지역 및 화북지역 국영기업 중 일부는 구소련의 경영방식을 도입하여 일장제(一長制)를 실시하였으며 이러한 방식을 '생산경영 업무 상의 CEO책임제(生産行程工作上的廠長責任制)'라고 지칭했다. 1954년 중국중앙화북국(中國中央華北局)은 '국영광산기업 CEO책임제 실시에 대한 결정(關於國營廠礦企業實行廠長責任制的決定)'을 승인하고 발표하면서 중국 국영기업에서는 CEO책임제를 실시하기 시작했다.

중국에서는 1950년대 말부터 1960년대 초까지 '공산당위원회 지도

하의 CEO책임제(黨委領導下的廠長責任制)'에 대한 논의가 이루어졌다. 이러한 CEO책임제에 따르면 당의 집단적인 지도와 경영자의 책임을 결합하고, 국유기업의 당위원회가 국영기업을 리드(領導)하는 핵심적 위치가 되며, CEO책임제 이외에 직공대표대회를 통하여 민주적 경영과 직원이 참여하는 경영을 이루고자 노력하였다.[19)]

1966년에서 1976년 사이에 중국 문화대혁명이 발생하면서 국영기업의 경영제도와 기업지배구조에 파괴적인 영향을 주게 되었다. 1968년 국영기업 내에 혁명위원회(革命委員會)가 수립되고, 혁명위원회는 국영기업의 경영권을 장악하였다. 1976년 중국에서 문화대혁명이 끝나게 되고 중국경제와 기업 역시 새로운 발전의 전기를 맞게 되었다.

중국정부는 1978년에 '공업 30조(工業三十條)'라고 지칭되는 '공업발전을 강화시키는 약간의 문제들에 대한 중국 공산당 중앙위원회의 결정 초안(中共中央關於加强工業發展若干問題的決定(草案))'을 발표하였고, 국영기업은 '공산당위원회 지도 하의 CEO책임제'와 '공산당위원회 지도 하의 직공대표대회 또는 직공대회제'라는 방식을 채택하게 되었다.

1980년 덩샤오오핑(鄧小平)은 '당과 국가지도제도의 개혁(黨和國家領導制度的改革)'이라는 담화문을 통해 공장관리위원회(工廠管理委員會), 이사회(董事會) 및 경제연합체의 연합위원회가 지도 감독하는 CEO책임제와 경영자책임제를 실시해야 한다는 견해를 제시하였다.

1981년에서 1982년 사이 중앙조직부(中央組織部), 국가경제무역위원회(國家經委)와 전국총노조(全國總工會)는 '국영공업기업 직공대표대회

19) 中國企業史編輯委員會, 『中國企業史: 現代卷 上卷』, 北京: 企業管理出版社, 2002.

잠정조례(國營工業企業職工代表大會暫行條例), '국영공장 CEO업무 잠정조례(國營工廠廠長工作暫行條例)', '중국공산당공업기업 하부조직업무잠정조례(中國共產黨工業企業基層工作暫行條例)'를 제정, 반포하고 발표하였다. 1986년 중국 공산당 중앙과 국무원은 생산과 경영의 주요문제에 대한 CEO의 의사결정권을 보장하며 경영과정 중 CEO의 역할을 뚜렷하게 부각하기 위해 '전민소유제공업기업 CEO업무조례(全民所有制工業企業廠長工作條例)'와 '중국공산당전민소유제공업기업 하부조직업무조례(中國共產黨全民所有制工業企業基層工作條例)' 및 '전민소유제공업기업 직공대표대회조례(全民所有制工業企業職工代表大會條例)' 등 3가지 조례를 수정하여 발표하였다. 다만 이들 3가지 조례는 당조직(당위원회, 黨委)과 노조(工會) 등의 업무가 생산과 경영이라는 기업의 중심을 긴밀하게 둘러싸야 함을 강조하였다.

1988년 제7기 인민대표대회 1차회의에서는 '중국전민소유제공업기업법(中華人民共和國全民所有制工業企業法)'이 통과되었다. '기업법' 총칙에 따르면 기업은 CEO책임제 또는 경영자책임제를 실시하며, 중국공산당의 기업 내 하부조직이 당과 국가의 방침과 정책이 기업에서 관철되고 집행되며 실시되고 보장되어야 하며 이러한 과정과 결과를 감독하도록 한다는 점을 분명히 밝히게 된 것이다. 1992년 제14차 중국공산당 전국대표대회에서 '중국공산당장정(中國共產黨章程)' 32조를 수정하였으며, 이러한 수정안에서는 역시 국유기업 내 공산당조직의 역할이 밝혀져 있다.

1993년 제8기 인민대표대회 상무위원회 5차회의는 '중화인민공화국회사법(中華人民共和國公司法)'을 통과시켰다. 회사법 6조는 기업의 지배구조와 관하여 주주총회, 이사회, 경영자 등의 직무와 책임을 구체적으로 제시하고 상호 간에 조율과 견제를 하게 되는 제도적 장치임을 밝혔다.[20]

1996년 중국 중앙조직부(中央組織部)는 '업무 강화 및 개선에 대한 현대기업제도 시범실시대상 100개 기업 관련 의견 시행안 통지(關於現代企業制度百家試點企業中加强和改進黨的工作的意見(試行)的通知)'를 발표했다. 이러한 통지는 현대기업제도를 수립하는 것이 당조직(당위원회)의 정치적 책임이며, 당조직이 당의 노선, 방침 및 정책을 관철하고 당과 국가의 정책을 기업 내부에서 관철하고 집행하도록 하며, 당조직이 기업의 주요사안에 대한 정책에 참여하고 주주총회, 이사회, 감사회와 경영자를 지원하여 책무를 이행하고 권한을 행사함을 밝혔다. 이 통지는 당조직이 당위원회 서기를 포함한 경영진을 신중하게 선택하고 배정해야 하며, 당위원회는 법적인 절차에 따라 이사회, 감사회에 참여할 수 있고, 이사, 감사 및 부CEO 등 직무에 대하여 이들을 교차하여 재직할 수 있음을 밝혔다. 1996년에 중국 중앙조직부의 '통지'에 따르면, 중국 국유기업에서 당위원회는 이사, 감사와 부CEO 등 직무에 교차로 재직할 수 있도록 하고 있으며, 실제로 상당수 국유기업들은 이러한 주요 직무를 겸직하는 방법을 취하고 있다.[21]

중국 중앙조직부(中央組織部)는 1996년에 중앙정책연구소(中央政策

20) Ewing, Richard D., "Chinese Corporate Governance and Prospects for Reform", Journal of Contemporary China, Vol. 14, No. 43, 2005, pp. 317-338.

21) 이상윤, "중국 국유기업 지배구조의 변천과정에 대한 연구: 이치자동차와 상하이자동차 사례를 중심으로", 『동북아연구』, 제32권 제1호, 2017.

研究所), 국가경제무역위원회(國家經委) 및 중국 전국총노조(全國總工會)와 함께 '국유기업 내 공산당 조직건설업무 강화 및 개선에 대한 중공중앙의 통지(中共中央關於進一步加强和改進國有企業黨的建設工作的通知)'를 발표하였다. 이러한 통지는 중국 공산당이 국유기업에 대한 정치적 지도(領導)를 하는 원칙을 지켜나가야 하며, 이는 어떠한 시기에도 동요될 수 없는 중요한 원칙이라고 하였다.[22)]

그러나 실제로 이러한 제도와 규정에도 불구하고 주식회사화 개혁은 상당히 험난한 과정을 겪었다.

경영자들에게 인센티브와 경영권을 주어 기업의 이윤을 확대하고자 하였으나, 이윤이 감소할 경우 기업내부에서는 경영자와 종업원 모두 수입감소에 대한 큰 저항이 생기게 되었다. 중국정부는 고용유지와 사회적 안정성을 중요하게 여겨야 하기 때문에 국유기업에 대한 구제금융을 계속적으로 실시하여 근로자에 대한 임금을 지급하게 하고 국유기업이 계속적으로 사업을 할 수 있도록 하였다. 그러나 상당히 많은 국유기업들은 여전히 경쟁력을 가지고 못한 상황이었고 이들 국유기업에 대출을 실시한 은행에는 부실채권이 계속 누적되는 상황이 생기게 되었다.[23)] 중국정부는 이러한 악순환에서 벗어나 국유기업 경영을 합리적으로 변환시키기 위해 정부와 국유기업간 관계를 출자자(투자자)-기업간 관계로 바꾸기로 결정하였다.

---

22) 中國企業史編輯委員會, 『中國企業史: 現代卷 下卷』, 北京: 企業管理出版社, 2002.

23) 오하시 히데오 외 저, 백계문 역, 『중국기업의 르네상스』, 경기: 한울아카데미, 2013.

중국정부는 국유기업의 경영자가 악의로 국유기업의 자산을 해외로 유출하거나 중국 국유기업의 채권이 다른 국유기업의 채권과 연결된 소위 '삼각채(三角債)' 문제로 인해 많은 고민을 하게 된다. 이에 따라 1994년부터 국유기업을 주식회사와 유한회사 형태로 전환하고자 하였다. 또한 중국 국유기업이 주식회사제로 개편된다고 해도 이는 자본주의 경제체제의 '민영화(privitization)'과 서로 다른 것이다. 국유기업을 주식회사로 개편할 경우 기업의 자산에 대한 평가를 통하여 납입자본금규모를 확정하고 증자를 할 때마다 새로운 주식을 투자자에게 판매하는 방식을 채택하였으며, 이는 국가가 보유한 국유기업 주식을 민간부문이나 외국자본에 매각하는 민영화와는 다른 개념이다. 그리고 정부가 출자자로서 절대적 지배지위를 가지거나 과반수에 달하는 상대적 지배지위를 가지고 있는 경우가 많다. 또한 주로 우량자산만을 분리하여 주식회사제를 채택하고 그 외의 부분은 새로 설립된 주식회사의 주식을 소유하는 지주회사로 존속하며 이 국유기업 지주회사에 대해서는 거의 공개가 되지 않는 경우도 많이 있는 상황이다.

이외에 중국 국유기업 내 당위원회조직에 대한 내용을 조금 더 살펴보고자 한다. 중국은 1950년대 구소련 시스템을 도입하면서 중국에 들여온 '생산경영 업무 상의 CEO책임제(生産行程工作上的廠長責任制)'에 대한 반성 이후 중국 국유기업 내에 공산당 당위원회와 CEO가 공존하고 있으며 공산당 당위원회가 리드하며 경영자인 CEO가 일상적인 경영과 의사결정을 하는 기업지배구조는 상당 기간 동안 중국에서 논의되어 온 제도이며, 이는 문화대혁명시기 이외에는 1960년대에서 1996년까지 지속적이고 일관적으로 논의되고 실시된 제도이다.

1999년 중국공산당 제15기 중앙위원회 4차전체회의는 '중공 공산당 국유기업의 개혁과 발전에 관한 몇 가지 중대 문제의 결정(中共中央關于國有企業改革和發展若干重大問題的決定)'을 통과시켰다. 이러한 결정은 국유기업에 대하여 정비가 잘 된 현대기업제도를 구축한다는 점을 명확히 하였다.[24)]

---

24) 錢津, "30年：國有企業改革思想的變遷", 『河北經貿大學學報』, 第31卷 第2期, 2010.; 戚聿東, 劉健, "中國國有企業改革的未竟使命與戰略設計", 『中州學刊』, 2015 第2期, 2015.

4. 중국 민영기업의 역사적 변천

중국에서는 국가가 소유하고 직접 경영하거나 전문경영인을 통해 경영하는 국유기업과 국유부문을 지칭하는 국유경제(國有經濟)에 비교하여 민간부문을 민영경제(民營經濟) 또는 사영경제(私營經濟)라고 지칭하고 있다. 이러한 민간부문은 중국에서 유구한 역사를 가지고 있다. 자본주의에서와 같이 이러한 민간부문은 사회주의국가에서도 상당한 중요성과 가치를 가지고 있다.[25)]

중국에서는 개인사업자인 개체공상호(個體工商戶)가 1952년의 88.3만 명에서 1967년말의 86만 명으로 다시 1978년말에 18만 명으로 급감하였다. 1978년말 중국의 도시지역 개체공상호는 14만 명에 불과하였다.

1979년부터 제조업 및 판매업 분야에서 개인사업을 영위하는 개체공상업(個體工商業)은 발전의 전기를 마련하게 되었다. 1979년 8월 공상관리총국(현 國家市場監督管理總局)은 중국 국무원의 비준을 받아 설립되었다. 1979년 한해동안 십만 명 이상의 개체공상호가 늘어나 도시지역 공상개체호의 수는 31만 명에 이르게 되었다. 1979년 11월 중국공산당 중앙위원회는 중앙통일전선공작부 등의 보고를 승인하면서 소규모 판매업자, 수공업자들에게 부여된 '자본가'라는 오해를 풀어주기로 하면서 이들 개체공상호가 적극적으로 발전할 수 있도록 장려하고 지원해주었다.

25) 中國企業史編輯委員會, 『中國企業史: 現代卷 中卷』, 北京: 企業管理出版社, 2002, 제6장.

농촌에 대한 개혁 과정 중 1977년 7월 중국공산당 제10회 3중전회 이후 안회이성(安徽省)에서 시작하여 전국적으로 보급된 생산연계책임경영제(聯産承包責任制, contract responsibility system)[26)]를 주요한 방식으로 농촌경제 개혁과 인민공사가 해체되면서, 농촌지역 잉여노동력문제가 심각해지고 농민들은 제조업, 운수업, 판매업, 서비스업 등 농업 이외의 분야에서 경영활동에 종사하게 되었다. 1984년 중국 국무원은 '농촌개체공상호에 관한 약간의 규정(關於農村個體工商戶的若干規定)'을 발표하면서 농촌개체공상업이 신속한 발전을 이룰 수 있게 되었다. 1988년 농촌개체공상호는 1,071.4만 개, 종사자는 1,726만 명에 이르게 되었다.

1982년 이후 도시지역 개체공상업(個體工商業)이 신속한 발전을 이루게 되어 1985년 말 도시 개체공상호는 1,171.3만 개, 종사인원은 1,766.2만 명으로 증가하였고, 1988년 도시 개체공상호는 1,452.7만 개, 종사인원은 2305만 명으로 다시 증가하였다.

1982년 중국 공산당은 제12차 공산당 전국대표대회 보고를 통해 "농촌과 도시에서 모두 노동자의 개체경제가 국가가 정한 범위 내에서 공상행정관리 하에 적절히 발전하도록 장려해야 한다. 노동자의 개체경제는 공유제 경제를 보충하기 위해 필요하고 유익하다"라는 견해를 제시하였다. 1982년 제5기 전국인민대표대회 5차회의에서는 '중화인민공화국헌법'이 통과되었으며 개체경제의 합법적 지위가 부여되었다. 1986년 제6기 전국인민대표회의 4차회의에서 통과된 '중화

26) 생산임무를 수행하는 사람이 생산금액과 생산된 가치에 따라 노동보수를 계산하게 되는 생산책임제.

인민공화국민법통칙(中華人民共和國民法通則)'과 1987년 국무원에서 반포된 '도시개체공상호관리잠정조례(城鎮個體工商戶管理暫行條例)'에서 개체공상호에 대한 법률적 개념과 지위가 주어졌다.

1987년 중국공산당 13차 전국대표대회에서는 사회주의 초기단계 중 중국공산당의 기본적 정책노선과 함께 사영경제(私營經濟)에 대한 새로운 시기의 공산당의 방침을 제시하였고, "조속히 사영경제에 대한 정책과 법률을 제정해야 하고 사영경제(즉 사영경제참여자)의 합법적 이익을 보호해야 하며 이들에 대한 지도, 감독과 관리를 강화해야 한다"라는 견해를 보여주었다. 1988년 제7기 전국인민대표대회 1차회의에서는 '중화인민공화국헌법수정안'을 통과하여 사영경제에 법률적, 경제적 지위를 부여하였다.

1998년 국무원이 반포한 '중화인민공화국사영기업조례'는 사영기업의 존재방식을 구체적으로 제시하였다. 이 조례에 따르면 사영기업은 독자기업(獨資企業), 합화기업(合夥企業) 및 유한책임회사(有限責任會社)의 3가지 기업유형으로 구분될 수 있다. 이중 독자기업은 1인이 투자하고 경영하는 기업으로 투자자는 기업의 채무에 대한 무한책임을 지게 되고, 합화기업은 2명 이상이 계약에 따라 투자하고 공동 경영하며 손익에 대해 함께 책임을 지고 기업의 채무에 대해 무한책임을 지게 된다. 이에 비해 유한책임회사는 투자자가 출자액을 한도로 기업에 대해 책임을 지고 기업은 기업채무에 대해 기업 전체의 자산을 통해 책임을 지게 된다. 유한책임회사는 법률에 따라 법인자격을 취득하게 되고 투자자는 일반적으로 2인에서 30인이며, 30인 이상일 경우 공상행정관리기관의 동의를 득해야 한다.

1989년 중국공상행정관리부문에서는 사영기업의 등록신청을 받아 이해에 90,581개 기업이 등록하였다. '중화인민공화국사영기업조례' 반포 직전에 중국 국가공상국이 진행한 조사에 따르면 중국 전역에 사영기업에 부합되는 조건을 갖춘 경제주체는 모두 22.5만 개에 이르는데 1989년에는 단지 9만여 개 기업만이 등록을 한 것이었다. 1993년까지 등록한 기업이 23.8만 개였다. 당시 등록기업수가 미미한 원인은 1989년에서 1991년 사이에 사영기업에 대한 '단속(整頓)'조치 때문인 것으로 파악되었다. 1992년 덩샤오핑은 남순강화(南巡講話)를 통해 중국인들의 사상이 다시 한번 개방되어야 함을 강조하였다. 이후 1996년 말 중국 대부분의 성, 시 및 구에서는 개체경제와 사영경제에 대한 지원을 강화하였다. 이에 따라 개체경제와 사영경제의 발전은 1992년 이후 다시 한 번 봄날을 경험하게 되었다. 1997년 중국 개체공상호는 2,850.8만 개, 종사자는 5,441.9만 명, 그리고 중국전역의 사영기업수는 96.1만 개에 이르렀다.

1997년 제15차 전국대표대회 이후 중국 민간기업은 국유기업과 같은 수준으로 인정을 받게 되었다. 1997년 이전에는 민영기업 또는 사영기업으로 설립될 기업들이 국유기업이나 집단소유제의 향진기업으로 설립되었다. 아래에서는 두 가지 대표적 유형의 향진기업(鄕鎭企業)에 대해 살펴보고자 한다.[27)]

첫 번째는 정경일체형(政經一體型) 향진기업이다. 개혁개방 후 농촌의 말단조직인 향(鄕), 진(鎭), 촌(村)이 설립한 기업과 농민 호적을 가

27) 오하시 히데오 외 저, 백계문 역, 『중국기업의 르네상스』, 경기: 한울아카데미, 2013.

진 농민기업가가 설립한 사영기업이나 개체공상호를 포함하는 개념이다. 향진기업은 농촌에 있는 기업을 포괄한 의미이다. 향이나 촌이 설립한 기업은 집단소유제기업이기 때문에 정부로부터 인허가를 받을 때, 은행에서 대출시 민영기업에 비해 유리하게 작용했다. 향이나 진에서 출자한 후 전문경영인에게 경영을 하게 할 경우 전문경영인의 경영권에 일정한 제한이 가해질 수 있었다. 이에 비해 촌장이 경영자로서 경영을 하는 경우에는 소유권과 경영권이 일치하여 매우 유연하고도 대담하게 경영을 할 수 있었다.

국유기업은 일반적으로 대형기업으로 보수적이고 수세적인 경영을 하게 되어 새로운 시장의 기회를 포착하고 장악하는데 소극적이기 때문에 향진기업들은 이러한 틈새시장을 잘 파악하여 발전의 기회로 이용할 수 있었다. 다만 이러한 정경일체형 향진기업들 대부분은 국유기업의 지속적인 개혁이 진행되고 다양한 경쟁자가 출현함에 따라 특별한 경쟁력을 가지지 못하는 경우 시장에서 모습을 감추게 되었다.

향진기업 중 두 번째 유형은 농민기업가 등 민간기업인과 향정부, 진정부, 촌정부가 참여하여 만든 반민반공형(半民半公型) 향진기업이다. 개혁개방 후 각 산업에서 두각을 나타낸 기업들을 보면 반민반공형 향진기업들이 다수 존재한다. 향진기업이 사업 상 성공을 거두게 되면서 반민반공형 기업들은 재빠르게 주식회사 형태로 전환을 추진하여 향정부와 진정부로부터 독립성을 얻게 되고 경영인에게 더 큰 경영권을 줄 수 있게 되었다. 이후 중국 증권거래소에 상장하는 과정 중에도 이들 향진기업은 '공적(公的)' 기업으로 인정받아 주식을 순조롭게 상장하는데 긍정적으로 작용하게 되었다.

5. 중국 외자기업의 역사적 변천

중국은 개혁개방이후 외국자본이 중국에 진출하여 외국계기업, 즉 외자기업(外資企業)을 설립할 수 있게 하였고 이러한 대외개방 조치는 개혁개방의 중요한 부분으로 인식되어왔다.

1979년에서 1984년간의 기간은 중국이 해외직접투자(Foreign Direct Investment)를 처음으로 이용하는 단계에 해당된다. 1979년 제5기 중국 전국인민대표대회 2차회의는 '중화인민공화국중외합자경영기업법(中華人民共和國中外合資經營企業法)'을 통과시켰다. 이는 중국이 외국과 경제협력의 문호를 열기위해 외국계기업이 중국에 진출할 수 있는 법률적 근거를 제공하기 위해 제정된 법규이다.[28]

1983년 9월 중국 국무원은 '중화인민공화국중외합자경영기업실시조례(中華人民共和國中外合資經營企業實施條例)'를 발표했다. 이 조례는 중국내에 설립할 수 있는 산업을 지정하였다. 이와 동시에 외자기업 설립이 가능한 산업 내에 기업을 설립할 때 심사, 등록, 자본납입 등 측면에서 일련의 규정을 제시하였다.

외자기업 발전의 초기단계에는 외자기업이 중국의 투자환경, 사회기반시설, 산업시설 등에 대한 이해가 부족한 상황이어서 중국이 국제금융조직 및 외국정부에서 대출하는 방식으로 간접적으로 외국자본을 이용하는 경우가 많았으며 외국계기업, 즉 외자기업의 해외직접

---

28) 中國企業史編輯委員會,『中國企業史: 現代卷 中卷』, 北京: 企業管理出版社, 2002, 제7장.

투자를 직접 이용하는 경우는 비교적 적었다.

1979년에서 1983년 사이에 중국이 승인한 외자기업 직접투자 프로젝트는 1,558개이고 협의가 이루어진 '협의금액(協議金額)'은 68.75억 달러이며 이중 실제로 외자기업이 사용한 금액인 '실제이용외자금액(實際利用外資金額)'은 26.86억 달러를 기록하였다. 그러나 이 시기 연평균 실제이용외자금액은 5.3억 달러에 불과하였다.

1984년에서 1990년은 중국에 대한 외자기업의 해외직접투자가 발전기에 이른 시기였다. 1986년 4월에는 제6기 전국인민대표대회 4차회의에서 '중화인민공화국외자기업법(中華人民共和國外資企業法)'을 통과시켰다. 이러한 법은 중국의 관련 법률에 따라 중국 내에서 외국투자자가 100% 투자한 기업, 즉 독자기업(獨資企業)을 설립할 수 있도록 하였다.

1990년 제7기 전국인민대표대회 3차회의는 '중외합자기업경영법(中外合資企業經營法)' 수정안을 통과시켰다. 이와 동시에 '중화인민공화국외자기업법실시세칙(中華人民共和國外資企業法實施細則)', '중화인민공화국도시국유토지사용권양도잠정시행조례(中華人民共和國國有土地使用權出讓和轉讓暫行條例)', '화교 및 홍콩, 마카오동포 투자 장려에 관한 규정' 등 정책과 법규를 발표하였다. 이 시기에 중국 국무원은 상하이 푸동신구(上海浦東新區)를 설립하기로 결정하여 연해개방지역의 범위를 확대하였고, 중국정부는 교통, 에너지, 통신 등 사회기반시설에 대한 투자를 확대하였다. 이러한 조치들은 중국의 투자환경과 외국계기업의 신뢰감을 제고하는데 크게 기여하게 되었다. 이때부터 매우 많은 '삼자기업(三資企業, 즉 외상독자기업, 중외합자기업 및 중외합작기업)'[28]이 출현하게 되었다.

1984년에서 1990년 사이에 중국은 외자기업 투자프로젝트 27,967개를 승인하였고, 이 시기에 협의이용외자금액은 337.4억 달러, 실제이용외자금액은 180.07억 달러를 기록하였고 연평균실제이용외자금액은 25.7억 달러에 이르렀다.

1991년에서 1995년은 중국 외자기업투자에 있어 급속한 발전이 이루어진 시기이다. 1991년 1년간 외자기업의 해외직접투자 승인프로젝트는 12,978개, 협의외자금액은 119.77억 달러, 실제이용외자금액은 43.66억 달러를 기록하였다. 이 시기 외자기업 투자의 중요한 특징은 국유기업개혁과 외국자본 유치를 결합하여 국유기업의 기술수준을 높이고 구조조정을 진행하는데 외국계기업의 투자를 이용하는 것이었다.

외국자본을 유치하는 과정 중 중국은 외국계기업의 기술을 받아들이고자 노력하였다. 중국정부는 "시장을 기술과 바꾼다(以市場換技術)"는 정책적 지침을 가지고 외국기업의 기술을 소화하고 흡수하며 국산화를 하고자 노력하였다.

---

29) 삼자기업(三資企業)은 외상독자기업(外商獨資企業), 중외합자기업 (中外合資企業) 및 중외합작기업(中外合作企業)을 의미한다. 이중 외상독자기업은 외국투자자가 100%의 지분을 보유하는 투자형태를 의미하고, 중외합자기업은 외국투자자와 중국투자자가 자본 투자비율만큼 지분을 보유하는 투자방식이며, 중외합작기업은 외국 측 또는 중국 측이 기술, 지하자원 등 협력에 있어 중요한 자원을 가지고 있을 때 이를 중국 측과 외국 측이 보유한 지분을 계산할 때 자본투자금액과 함께 포함시키는 방식이다. 또한 일반적으로 경영학에서는 합작기업이 JVC(Joint Venture Company)를 의미하는데 이는 양측 또는 2개 이상의 기업이 자본을 투자하여 설립한 기업을 의미한다는 측면에서 위의 중외합작기업과 상이한 의미를 가진다.

1992년 중국은 덩샤오핑이 '남순강화(南巡講話)'를 한 이후 개혁개방의 속도를 더욱 높이고자 하였다. 중국 국무원은 개방할 수 있는 지역과 산업을 더욱 확대하고자 하였으며 다양한 수준에서 입체적이고 다양한 개방을 진행하고자 하였다.

1992년 중국이 신규로 승인한 외자기업수는 48,764개이고 협의이용외자금액은 581.24억 달러, 실제이용외자금액은 110.07억 달러를 기록하였다. 1993년 대중국 해외직접투자금액은 미국에 이어 세계 2위를 기록하여, 중국정부가 승인한 외자기업수는 83,437개이고 협의이용외자금액은 1,114.36억 달러, 실제이용외자금액은 275.15억 달러를 기록하였다. 1995년에 이르러서 중국이 승인한 외자기업수는 37,011개이고 협의이용외자금액은 912.82억 달러, 실제이용외자금액은 375.21억 달러를 기록하였다.

이 시기에 외자기업 해외직접투자는 다음과 같은 특징을 보여주고 있었다. 첫째, 외자기업의 해외직접투자규모가 전반적으로 증대되고 있었다. 외국투자자는 더욱 외자기업에 대한 지배권을 중요하게 여기게 되어 합자기업 중 많은 기업들이 자본금액과 주식수를 증대시켰고 신설기업 중 외자기업이 더욱 많은 부분을 차지하게 되었다. 세계적인 다국적기업들이 중국에 해외직접투자방식으로 진출하게 되었다. 이때 중국정부는 자동차산업을 조속히 국민경제의 기간산업으로 육성하기 위해 '자동차산업정책(汽車産業政策)'을 발표하였고, 이러한 정책에 대중국투자를 진행하는 외국계자동차기업의 자격에 대한 엄격한 제한규정을 제시하게 되었다.

1995년부터 경제적 측면에서 글로벌화가 진행되면서 국제간 기업

구조조정이 주요 방식으로 떠오르면서 무역방식을 대체하는 형태로 중국에 대한 해외 직접투자가 이루어지게 되었다.

1996년 이후 중국정부는 외자기업 해외직접투자에 대한 조정을 실시하게 되었다. 중국정부는 간접투자방식에서 해외직접투자방식으로 전환하는 거시적인 측면의 조정을 진행하였다.

중국 제7차 5개년 발전계획, 제8차 5개년 발전계획, 제9차 5개년 개발계획 기간 중 외자기업의 투자규모 중심의 운영에서 수익성을 목표로 하는 운영방식으로 전환하고 외국자본의 질적 수준을 중시하게 되었다. 정부의 역할과 관해서도 행정적 간섭에서 산업정책에 따른 지도가 이루어지도록 하였다. 또한 1996년 이후 국유기업과 외자기업이 평등하게 경쟁하기 위해 외자기업이 누려왔던 면세혜택에 대한 조정이 이루어졌다.

제8차 5개년 발전계획 이후 홍콩, 마카오 위주로 이루어지던 외자기업의 투자구조가 변화를 보이기 시작했다. 1997년 기준으로 홍콩, 일본, 타이완, 미국, 싱가포르, 한국, 영국, 버지니아제도, 독일, 프랑스 등 국가와 지역에서 이루어진 해외직접투자가 전체 해외직접투자의 90% 이상을 차지했다.

1998년에 이르러서 중국이 신규로 승인한 외자기업수는 1,991개이고 신규 승인된 실제이용외자금액은 81.79억 달러를 기록하였다.

2004년에 이르러 중국 내 외자기업의 문제점을 둘러싼 논쟁이 벌어졌다.[30] 이러한 논쟁에서는 첫째로 내자기업, 즉 중국 국유기업 및 민

---

30) 중국 신랑재경네트워크 2004년 10월 20일자 보도자료,http://finance.sina.com.cn/roll/20041020/09031091875.shtml, 검색일: 2019년 6월 25일.

영기업과 외자기업의 소득세율 차이가 과다하는 것이다. 둘째로 해외직접투자가 국가 GDP 중 차지하는 비중이 40%를 초과하여 의존성이 높아지고 있다는 것이다. 셋째로 금융안전성 문제로서 외환보유고가 늘어나면서 위앤화의 평가절상 압력이 커지게 되고 인플레이션 방지에도 부정적인 영향을 준다는 것이다. 넷째로 외자기업과의 협력이 합자위주에서 독자기업과 외국투자자가 지배적 지위를 갖는 형태로 바뀌게 되어 일정수준에서 산업 수준의 독과점을 조성하게 된다는 것이다. 다섯째로 유통시장에서 외자기업의 자금력과 경쟁력을 통해 '시장을 장악하고 다시 이윤을 추구(先占市場再尋求最大利潤)'하는 전략을 채택하여 중국기업의 건전한 발전을 억제한다는 것이다. 여섯째로 외자기업이 일반적으로 외국 본사의 기술을 들여와 적용하며 이에 따라 중국 기업들이 국내의 자주적인 개발능력을 상실하게 된다는 것이다. 일곱째는 외자기업이 중국에 진출하면서 수입이나 재활용이 불가능한 자원의 소모를 가속화한다는 것이다.

이러한 논쟁 가운데 중국이 향후 민영경제를 위주로 한 경제체제로 전환하기 위해서는 외자기업에 대한 '초(超)내국인대우'[31]를 개선하고 공정한 경쟁이 가능한 시장환경을 만드는 것이 중요하다는 견해가 제시되었다.[32]

이후 2008년 중국의 투자환경과 외자정책을 둘러싼 2가지 법규가 발표되었다. 이들은 각각 기업소득세법과 노동계약법으로서, 기업소

31) 내자기업에 대한 역차별을 의미함.

32) 오하시 히데오 외 저, 백계문 역, 『중국기업의 르네상스』, 경기: 한울아카데미, 2013.

득세법은 외자기업과 국내기업의 소득세를 모두 25%로 규정하였으며, 노동계약법은 외자기업과 중국기업 모두에게 노동자의 권리를 보호하고 고용안정성을 보장하기 위해 기업과 노동자는 근무 내용, 보수, 계약기간 등을 명확하게 밝힌 계약서를 체결하게 하여 노동자의 권익이 보장받도록 하기 위한 목적으로 제정되었다.

III. 중국기업의 경영

1. 중국기업의 경영환경

〈표 3.1.1-1〉 사회주의 체제 하의 정치 및 경제적 변천 3단계론

다원적 민주주의 (pluralistic democracy)	4	8	12	16
다원적 권위주의 (pluralistic authoritarianism)	3	7	11	15
협상적 권위주의 (consultative authoritarianism)	2	6	10	14
독재(dictatorship)	1	5	9	13
정치적 변천 / 경제적 변천	지령성경제 (command economy)	혼합지령성경제 (mixed command economy)	혼합시장경제 (mixed market economy)	시장경제 (market economy)
	분권화 ↑	시장화 ↑	자유시장화 ↑	

자료: 니시무라 시게오 외 저, 이용빈 역(2012); 蘇紹智(2001)[33]

---

33) 니시무라 시게오 외 저, 이용빈 역, 『중국의 당과 국가: 정치체제의 궤적』, 한울, 2012.; 蘇紹智, 『中國大陸政治體制改革研究』, 中國文化大學出版部, 2001.

향후 중국에서 어떠한 정치적, 경제적 변화가 발생할 것인가를 예상하기 위해 다음 모형을 살펴기로 한다. 사회주의체제 하의 '정치 및 경제의 변화 삼단계론'에 따르면 세로축은 정치적 변화과정을 보여주며 동시에 가로축은 경제적 변화과정을 보여준다.[34)]

당-국가 체제의 출발점은 1번(독재체제와 지령성경제체제를 의미)으로서 정치체제의 개혁 및 경제체제의 개혁 간의 가능한 조합을 보여준다. 16번(다원주의체제와 시장경제를 의미)은 정치적 민주화 이후에 도달할 지점이 될 것이다. 4번과 13번은 이론적으로 불가능한 조합이다.

수샤오즈(蘇紹智, 2001)[35)]는 중국정치의 변화에 대해 삼단계 이론을 제시하였다. 그중 첫 번째 단계로서 자유화를 통해 정치적 독재로부터 협상적 권위주의로 이행되며, 공산당이 일당독재를 포기하지 않은 상황에서 경제적 분권화가 더욱 진전된다는 것이다. 두 번째 단계에서는 다원화(pluralization)를 통해 다원적 권위주의로 이행되고 일당독재는 계속 유지되지만 일정 수준에서 제한된 민주주의가 가능해지며, 입헌주의 법치의 방향으로 이행하게 되고 경제적 시장화는 지속적으로 진전된다는 것이다. 세 번째 단계는 민주화(democratization)로의 커다란 전환이 이루어지고 일당독재를 포기하게 되며 복수정당제라는 경합적인 정치체제로 이행된다는 것이다.

중국경제변화의 3단계 중 첫 번째 단계는 우선 '분권화(decentalization)'

---

34) 니시무라 시게오 외 저, 이용빈 역, 『중국의 당과 국가: 정치체제의 궤적』, 한울, 2012, 제5장; 가토 히로유키 외 저, 백계문 역, 『진화하는 중국의 자본주의』, 한울, 2011, 제5장.

35) 蘇紹智, 『中國大陸政治體制改革硏究』, 中國文化大學出版部, 2001.

이다. 이러한 단계에서는 분권화를 통해 국가의 지시와 명령에 의해 운영되는 계획경제가 주요한 부분이 되며 시장경제는 부가적 부분이 되는 운영방식을 통해 혼합형 지령성 경제로 전환된다. 1982년 중국공산당 제12차 전국대표대회에서는 '중국특색을 갖춘 사회주의론을 제시하였고 1987년 제13차 전국대표대회에서는 '사회주의 초급단계론'을 제시하였는데 이 시기가 이러한 단계에 속한다고 이해할 수 있을 것이다. 두 번째 단계는 '시장화(marketization)'가 이루어지는 시기이다. 이러한 단계에서는 경제운영방식이 혼합시장경제로의 전환된다. 1992년 덩샤오핑은 남순강화를 발표하였고 14차 중국공산당 전국대표대회는 사회주의체제와 시장경제운영방식의 특성을 모두 갖춘 '사회주의 시장경제론'이 제시되었다. 세 번째 단계는 '자유시장화(free marketization)'가 실현되는 단계이다. 이 시기에는 경제운영에 대한 자유화가 이루어지며 국가는 경제운영과 관련하여 시장을 조율하는 형태로만 참여하게 된다.

다만 이러한 이론체계는 그 한계성이 존재한다. 그 중 가장 중요한 점은 정치적 민주화와 시장경제 간에 정(+)의 상관성이 있다는 전제이다. 두 번째 문제는 정치적으로는 '민주화'가 이루어지고 경제적으로는 '자유시장화'가 실현되는 것이 역사적 측면에서 유일한 발전의 방향이라고 생각하는 전제이다.

현재 중국공산당이 국가를 운영하는 방식인 사회주의 시장경제는 국가자본주의로 이해할 수 있으며 〈표 3.1.1-1〉의 조합 10번과 11번에 해당된다고 이해할 수 있을 것이다.

중국정부는 사회주의와 시장경제가 결합된 '사회주의 시장경제'를 표방하고 있지만 실제적으로 경제적 측면에서 공유경제와 정치적 측면에서 사회주의라는 목표는 포기할 의사가 없는 것으로 보인다. 중국은 구소련(舊蘇聯)으로부터 사회주의체제를 도입했다. 이와 같이 중국에 도입된 사회주의는 당시 구소련에서 사회주의개혁을 실시할 때 구소련이 채택했던 방식[36)37)]을 대부분 원래 도입한 방식대로 적용했다. 우스위앤(吳恩遠, 2007)은 구소련의 붕괴에 대하여 고르바초프가 사회주의의 경제적, 정치적 원칙을 포기한 후 발생한 결과라는 의견을 제시하였다.[38)]

향후 중국 경제성장을 지속하기 위해 중국 정부의 지배적인 역할은 계속 필요할 것인가? 그렇지 않다면 권위주의적인 정부운영이 지속적인 경제성장을 이루기 어렵기 때문에 중국 정부는 지배적인 역할을 줄이고 민주화된 방식으로 정부운영을 해야 할 것인가?

중국 공산당과 정부의 운영방식을 이해할 때 중국은 사회주의국가임을 기억해야 한다. 경제운영에 대한 국가와 정부의 역할 자본주의 국가에서 정부의 역할과는 서로 다를 수 있다고 생각한다.

중국 경제성장에 대한 국가와 정부의 역할에 대하여 중국의 지식인

---

36) 프롤레타리아 독재제도·사회주의 발전과 중국공산당 생활 가운데 핵심적, 지도적인 지위·사상분야에서 마르크스주의의 지도적인 지위·민주집중제 등 원칙을 포함한다.

37) 이와 같이 중국에 도입된 사회주의는 당시 구소련에서 사회주의개혁을 실시할 때 구소련이 채택했던 방식 4)5)을 대부분 원래 도입한 방식대로 적용했다.

38) 이상윤, "중국식 시장경제의 지속가능성 연구 ―중국 국정운영방식을 중심으로", 『중국학논총』, 제58권, 2018.; 吳恩遠, ""中國特色社會主義"和"蘇聯模式"關系析論", 『馬克思主義研究』, 2007年 第8期, 2007.

들은 두 가지의 서로 다른 견해를 보여주고 있다.

중국 신좌파는 경제성장에 따른 성과의 분배, 근로자의 복지문제와 정치적 민주화 등을 중요시하며 중국정부의 권력행사에 대해 통치라기보다 독재라고 할 수 있다는 견해를 제시한다. 이들 신좌파는 중국정부가 국민의 자유를 제약하는 힘이 너무나 과대한 것에 비해 효율적으로 국가를 운영하는 측면에서는 세계에서 가장 약한 정부들 중 하나라는 의견을 보여주고 있다. 이에 비해 신우파는 지속적인 경제성장을 중시하며 지속적으로 경제성장을 실현하기 위해서는 정부의 개입을 줄여야[39][40] 한다는 견해를 제시한다.[41] 진타오(靳濤)[42]는 정부의 역할에 대하여 지금까지의 역할은 긍정적으로 평가하지만 향후에는 정부가 올바른 위치를 찾는 것이 중요하다는 견해를 보여주었다.

Acemoglu 등은 경제성장 방식의 민주화와 정치제도의 변화에 대한 연구[43]를 진행하였다. 또한 Inglehart와 Welzel[44]은 소득이 점진적

---

39) 高波, "新常態下中國經濟增長的動力和邏輯", 『南京大學學報: 哲學·人文科學·社會科學』, 2016年 第3期, 2016. 高波는 시장의 장점과 정부의 장점이 보완되고 결합되어야 하고, 정부는 정부가 가장 잘하는 일에 집중해야 한다고 하였다.

40) 魏傑, 汪浩, "結構紅利和改革紅利: 當前中國經濟增長潛力探究", 『社會科學研究』, 2016年 第1期, 2016. 魏傑와 汪浩는 정부의 개입과 권한을 제한하고 시장이 역할을 할 수 있어야 한다고 하였다.

41) Leonard, M. 저, 장영희 역, 『중국은 무엇을 생각하는가: 중국 최고지도부를 움직이는 지식엘리트들』, 경기, 돌베개, 2011, pp. 47-51, 70-73.

42) 靳濤, "中國經濟增長與制度變遷的互動關系研究一基於新中國60年經濟發展經驗的視角", 『廈門大學學報(哲學社會科學版)』, 2011年 第4期(總第206期), 2011.

43) Campagnolo, G., 『Liberalism and Chinese Economic Development: Perspectives from Europe and Asia』, Abingdon, Oxfordshire: Routeledge, 2016., pp. 98-101.

44) Inglehart, R., Welzel, C., "Changing mass priorities: The link between

으로 증가되면서 '생존을 위한 가치(Survival Values)'와 '전통적인 가치(Traditional Values)'를 중시하는 저소득국가의 단계에서, '생존을 위한 가치'와 '세속적-합리적 가치(Secular-Rational Values)', 또는 '자신을 표현하고자 하는 가치(Self Expression Values)'와 함께 '전통적 가치'를 중시하는 중등수준 소득국가로 변화되고, '세속적-합리적 가치'와 '자신을 표현하고자 하는 가치' 등 2가지 가치를 중시하는 고소득국가로 변환하게 된다고 하였다.

이러한 연구에 따르면 2005년에 중국과 한국은 모두 중등수준 소득국가에 속하였고 '생존을 위한 가치' 및 '세속적-합리적 가치'를 중시했던 것으로 나타났다. 이에 비해 일본, 미국 과 서유럽국가들 중 다수의 국가는 고소득국가에 속하였으며 '세속적-합리적 가치'와 '자신을 표현하고자 하는 가치'를 중요시하였던 것으로 나타났다. 이러한 결과를 살펴볼 때 향후 중국에서 중국인들의 소득이 점진적으로 증대될 때 생존을 위한 가치보다 자신을 표현하려는 요구와 욕구가 높아질 것으로 보인다. 그렇게 된다면 정치적 다양성에 대한 요구수준도 높아질 가능성이 높을 것이다.

다만 현재 중국의 대내외 상황을 고려해보면 중국과 같이 사회적 환경이 복잡다단하고 내외적 환경이 주는 압박이 큰 국가에서 급진적 개혁을 시행한다면 통제가 어려운 상황이 발생할 리스크가 크게 증가할 것이다. 이에 따라 중국이 앞으로 실시할 정치적 개혁 방안 중 가장 현실적이고 타당한 방안은 점진적인 개혁이 될 가능성이 높아 보

---

modernization and democracy", 『Perspectives on Politics』, Vol. 8, Issue 2, June 2010, pp. 551-567.

인다.[45] 이에 대해 후안강(胡鞍鋼)은 중국이 선택할 정치적 변동이 점진적이어야 한다는 견해를 보여주었다.[46]

45) 熊光清, 『大國氣質』, 中國強盛的戰略選擇, 北京: 中國發展出版社, 2016, pp. 86-87.

46) 胡鞍鋼, 『中國集體領導體制』, 北京: 中國人民大學出版社, 2013. pp.88-89.

2. 중국 국유기업의 경영

2.1 중국 국유기업경영

중국 국유기업은 중국정부가 국가운영의 근간이라고 생각하는 공유경제를 대표하는 기업이기 때문에 국유기업의 경영에 대해 잘 이해하는 것은 매우 중요하다고 본다. 그중 국유기업의 지배구조와 소유제에 대해 살펴보고자 한다.

중국의 국유기업은 회사법 및 관련 규정에 따라 기업지배구조의 측면에서 의사결정권, 최고경영층에 대한 임명권과 감독권과 관련하여 이사회의 권한을 규정하고 있다. 그러나 실제적으로는 국유기업의 중요한 사안에 대한 의사결정권은 여전히 공산당과 공산당조직이 가지고 있다. 중국의 국유기업은 당조직과 경영진(또는 이사회)의 이중적 지배구조를 통해서 운영되고 있고, 1997년에 발표된 '중국공산당 중앙위원회의 국유기업 당조직 건설의 강화와 개선에 관한 통지(中共中央關于進一步加强和改進國有企業党的建設工作的通知)'에 따르면 중국 공산당의 당원은 첫째로 당의 노선, 방침과 정책에 따라야 하는 규율과 기강, 둘째로 국유기업 최고경영층의 임명 및 승진에 대한 의사결정, 셋째로 국유기업 내부의 당위원회, 즉 당조직은 기업의 중요한 결정과 관련된 회의를 소집할 수 있고 기업의 운영과 공산당의 노선이 일치하도록 함, 넷째로 당의 기강과 규율에 따른 경영층의 조사와 처벌 등 제도적 장치를 통해 국유기업의 경영을 통제하고 있다.[46]

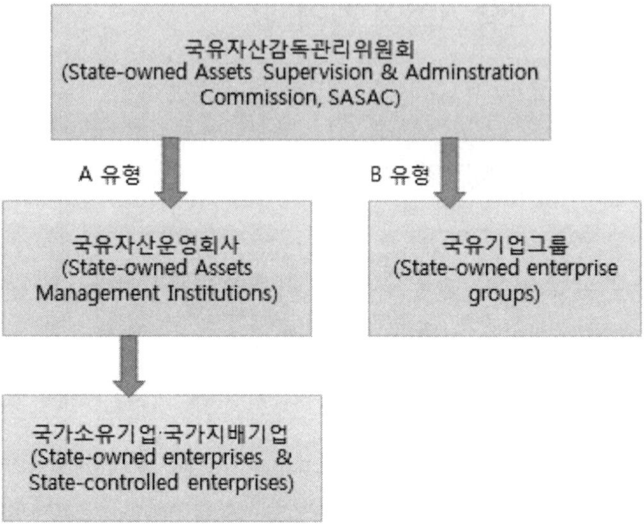

〈그림 3.2.1-1〉 중국 국유기업의 외부 기업지배구조[47]
자료: Liu(2013: 103)

〈그림 3.2.1-1〉은 국유기업 외부에서 살펴본 기업지배구조를 보여주고 있다. 그 예로서 보면 중국이치자동차(中國一汽汽車)와 중국상하이자동차(中國上海汽車) 모두는 B유형을 사용하고 있다.

〈그림 3.2.1-2〉은 내부 기업지배구조와 외부 기업지배구조를 포괄하여 기업 외부조직인 중국공산당, 정부주관부서 및 국유자산감독관리위원회 등과 기업 내부기관인 당위원회, 이사회, 경영자 등 사이에서 존재하는 직접적인 통제와 간접적인 통제 관계를 입체적으로 파악할 수 있도록 제시하였다. 중국공산당은 조직부를 통해 인사권을 행

47) 이상빈, 이상윤, “중국의 당정체제와 국유기업: 정치적 지배논리와 공공선택의 한계”, 『현대중국연구』, 제18권 제4호, 2017.

48) Liu, H., 『Chinese business: Landscapes and strategies』, NY: Routledge, 2013.

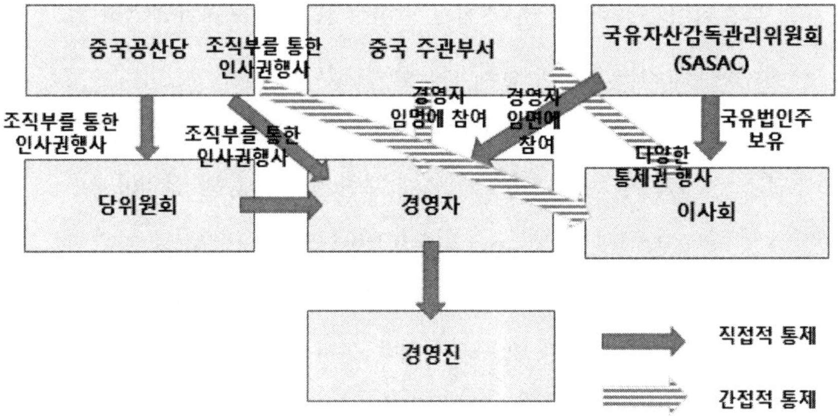

〈그림 3.2.1–2〉 중국 국유기업의 내 외부 기업지배구조[49]
자료: Liu(2013, 103), Tang and Ward(2003, 102) 및 저자 재정리

사하여 당위원회와 경영자에 대해 영향력을 행사하며 국유자산감독관리위원회는 국유법인주를 보유하여 이사회에 대해 영향력을 행사한다. 또한 중국공산당은 정부 조직인 국무원 산하의 국유자산감독관리위원회와 이사회에 대해 간접적으로 영향을 주고 있다.[50]

중국정부는 국유기업의 부실문제와 경쟁력 강화문제에 대해 1990년대 중반 이후 국유기업에 대한 전면적인 구조조정을 실시하였다. 이러한 대대적인 구조조정 정책은 경쟁력을 가지게 된 대형 국유기업은 지원하게 되지만 부실한 국유기업은 폐업조치하거나 통폐합한다는 내용이 그 요지라고 할 수 있었다. 중국정부가 이러한 선택을 한

49) Tang, J. and Ward, A.,『The Changing Face of Chinese Management』, London: Psychology Press, 2003.

50) 이상윤, "중국 국유기업 지배구조의 변천과정에 대한 연구: 이치자동차와 상하이자동차 사례를 중심으로", 『동북아연구』, 제32권 제1호, 2017.

것은 국유기업을 둘러 싼 한 정치적 논리와 특수한 이해관계자인 주체들이 벌이게 되는 게임의 결과라고 볼 수 있다.[51)]

1995년 15기 중국공산당 5차전체회의는 '국민경제와 사회발전 9차 5개년 발전계획 및 2010년 장기목표에 대한 중공중앙의 건의(中共中央關于制定國民經濟和社會發展"九五"計劃和2010年遠景目標建議)'를 통과시켰으며, 이러한 건의를 통해 국유경제를 발전시키고 국유기업의 노화된 자산에 대한 분리, 매각 및 구조조정을 실시하는 방법을 통해 대형국유기업의 경영을 개선하고 소형국유기업을 활성화시킨다는 원칙을 세웠다.[52)] 이는 향후 국유기업의 '구조조정(抓大放小)' 정책으로 연결되었다.

여기에서 대형국유기업 1,000개 중점기업에 대한 집중적인 구조조정(抓大)은 현대적인 기업제도를 모델로 하여 경제적인 수익성이 양호하고 경쟁력이 있고 부채비율이 양호하며 발전가능성이 있는 중점기업(重點企業)에 대하여 대기업, 대형그룹전략을 실시하고 이들 기업의 성장을 촉진하는 것을 의미한다.

또한 높은 비율을 차지하고 있는 소형국유기업을 자유롭게(放開)하여 소형국유기업이 다양한 발전의 활로를 찾도록 하는 구조조정(放小)은 사회주의시장경제 중에 자주적으로 경영을 진행하게 하고 기업 스스로 자신에 대한 제약을 가지고 스스로 발전을 추구하는 경제적 실

51) 이상빈, 이상윤, "중국의 당정체제와 국유기업: 정치적 지배논리와 공공선택의 한계", 『현대중국연구』, 제18권 제4호, 2017.

52) 中國人民大學, 『國民經濟管理與計劃』, 中國: 中國人民大學書報資料中心, 7-12. 1998.; 張聰明, 『當代國有經濟比較硏究』, 中國: 社會科學文獻出版社, 2012.

체로 변화하게 하는 것을 의미한다.

또한 이러한 중국공산당 15기 보고에 따르면, 이러한 국유기업에 대한 구조조정 정책은 국유경제가 국민경제에서 주도적인 역할을 해야 하며, 특히 '통제력(控制力)' 측면에서 국유경제의 구조를 조정하여 국민경제의 핵심부문과 영역과 관련해서는 국유경제가 반드시 지배적인 지위를 점하게 해야 함을 의미하였다.

국유기업은 계획경제체제 하에서 성장하였기 때문에 다음과 같은 문제들이 존재하였다. 첫째로 국유기업의 자원배치가 불합리하였고, 둘째로 정부와 기업 간 구분이 불명확하고 정부의 간섭이 심각하며 기업 내 실적에 따르지 않고 구성원 모두 거의 같은 비율로 나누는 평균주의 등이 존재하는 문제가 존재하였다. 셋째로 역사적인 부담이 매우 크기 때문에 잉여인원이 많고 경영과 무관한 자산이 많으며 사회적 부담이 큰 문제가 있었다. 넷째로 부채부담이 매우 높았는데, 이는 1980년대 초 국유기업의 자금원이 정부로부터의 재정적 자금지급에서 은행대출로 전환되었기 때문이었다. 많은 경우 기업 자신은 자본금이 없으며 은행으로부터의 대출에 의지하여 국유기업의 부채비율이 높아지는 결과를 초래하였다. 다섯째로 산업생산총액(gross value of industrial output) 중 국유기업의 비중이 1978년 77.63%에서 1997년에는 25.52%로 급감하는 등 국유기업 생산이 정체되어 있었다.

이후 중국정부는 '3년간 국유기업 경영난 극복 정책(三年脫困)'을 실시하였다. 중국의 기업규모 분류기준에 따라 10,177개 국유대중형공업기업(國有大中型工業企業) 중 1998년 기준으로 적자기업이 약 2,000개 기업으로 약 21.76%를 차지하였다. '3년간 국유기업 경영난 극복

정책'은 바로 이들 국유중대형기업 중 적자기업들이 대부분 경영난을 극복하도록 하는 것이었다.

중국정부가 채택한 경영난 극복 정책의 관건은 국유기업들이 시장경제운영에 적응하고 국유기업개혁을 적극적으로 추진하는 것이었다. 이를 위해 이들 적자기업들에 대해 다음과 같은 조치를 취하였다. 첫째로 맹목적인 투자를 억제하고 잉여생산능력을 감소시키는 방법이었다. 둘째로 감원과 함께 경영효율을 제고시키는 것이었다. 셋째로는 이들 국유기업의 기술이 노후화되고 제품이 진부한 상황에서 기업자산에 대한 구조조정(重組, restructuring), 인수합병(兼併收購)[53] 등을 통해 기업의 생산과 경영관리수준을 높이는 것이었다. 넷째로는 인센티브제도(激勵機制)를 개선하는 방법으로서 기업의 분배제도, 즉 급여제도는 효율이 우선되는 원칙이 되도록 하며 급여 등 보상(報酬, compensation)은 경제적인 효율성과 연계되도록 하는 것을 의미하였다. 다섯째로 기존 경영자들의 경영능력이 높지 않은 경우에는 경영자의 경영능력을 강화하였고 기업의 허위보고 등에 대한 감독을 엄격하게 실시하여 정부의 정책이 집행될 수 있도록 하였다.

이들 조치를 통해 많은 국유기업의 경영성과가 개선되었고 3년간 국유기업 경영난 극복이라는 목표를 실현하게 되었다.

이후 1998년에서 2000년 사이 산업생산총액 중 국유경제의 비중이 28%에서 33%까지 높아졌다.

이를 위해 중국정부는 다음과 같은 조치들을 채택하였다. 3,600억

53) 收購兼併이라고도 부르며 merge and acquisition을 의미함.

위앤의 국채를 국유기업을 위해 사용하였고, 은행은 7차례에 걸쳐 국유기업에 대한 이자율 하락조치를 통해 국유기업 재무비용 중 2,600억 위앤을 절감해 주었으며, 중국 4대 자산관리회사들은 1.4조 위앤의 부실자산을 받아들이게 되었다. 이외에도 국가경제무역위원회는 2000년 채무출자전환(債轉股) 기업 601개를 심의하여 추천하고 채무출자전환금액은 4,596억 위앤에 이르렀다. 또한 국유기업 직원 중 퇴직인원 때문에 생기는 기업의 부담을 줄이기 위해 '사회보장기금' 실시를 연기하였다.

이러한 조치들에는 중국 중앙정부는 이러한 국유기업 개혁을 통해 전체 국유기업의 경쟁력을 강화하고 중앙정부 자신을 위한 안정적인 수익(benefits)원을 확보하기 위한 측면도 존재했다.

중국정부는 중국공산당 제18기 중앙위원회 3차전체회의 결정사항을 통해 혼합소유제를 적극적으로 발전시키겠다는 정책적 방향을 보여주었으며, 2014년 정부업무보고를 통해서도 혼합소유제를 더욱 빠른 속도로 발전시키겠다는 정책을 다시 한 번 확인한 바 있다. 사회주의 시장경제제도를 채택하고 있는 중국정부는 국유기업의 경제활동을 위주로 하는 공유경제와 함께 민영기업, 집체기업, 향진기업 및 외국계기업 등 비공유(非公有)기업의 경제활동을 위주로 하는 비공유경제를 통해 경제운영을 하고 있다. 이중 GDP에서 공유경제가 차지하는 비중은 30%를 넘는 수준을 유지하고 있으며 2012년 말 기준으로 비공유경제가 GDP에서 차지하는 비중과 사회기반시설에 대한 투자에서 차지하는 비중은 모두 60%를 넘어섰다. 하지만 사회의 근간이 되는 산업분야에서 국유경제 및 국유기업의 비중은 여전히 절대적이며 이들 국유기업의 지분 중 국가가 보유하고 있는 지분 역시 절대적인 상황이다. 이에 따라 국유기업의 개혁이 지속적으로 진행되면서 국유지분의 유통 여부와 민영자본의 참여 여부는 중국경제와 중국기업을 이해하는데 있어서 매우 중요한 부분이라고 볼 수 있다. 특히 향후 국유기업 지분을 다양화하기 위해 채택할 방식에 대하여 국유기업은 국가경제에서 가지는 의미에 따라 영역별로 다르게 구분하여 국유자본 지배권의 개방을 할 수 있을 것이다.

2.2 중국 국유기업소유권 문제

아래에서는 국유기업 혼합소유제개혁에 대한 국유자산감독관리위원회의 견해를 다음 보도자료를 통해 살펴보고자 한다.

혼합소유제 개혁은 어떻게 추진해야 할 것인가? 어떤 영역에서 추진되어야 하는가? 국유자산감독관리위원회가 연구하고 구체적으로 준비하고 있는 '국유기업개혁에 대한 의견'의 주요내용은 무엇인가? 이러한 문제를 가지고 '중국경제주간'의 기자는 양회 현장에서 중국정치협상회의 위원 및 국무원 국유자산감독관리위원회 부주임인 황슈허(黃淑和)와 인터뷰[54]를 진행하였다.

---

54) 姚冬琴(2014), "全國政協委員、國務院國資委副主任黃淑和: 混合所有制改革要有節奏, 不是一股腦兒推進", 中國經濟周刊, 2014年 3月 10日.
중국 인민일보사가 발행하는 경제분야 간행물인 중국경제주간(中國經濟周刊), China Economic Weekly) 2014년 3월 10일자 기사. 중국경제주간(中國經濟周刊) 기자: 야오동친(姚冬琴) 양회(兩會): 중국 전국인민대표회의 및 전국정치협상회

중국경제주간: 어떤 사람들은 국유경제와 국유자본이 이미 더 물러설 수 없는 위치에 까지 물러섰다고 생각하고 있습니다. 혼합소유제(混合所有制, mixed ownership economy: 상이한 투자의 주체인 국유, 집체, 개인, 민영 및 외국자본 등이 한 기업에서 융합하여 주식회사제도의 형태로 형성하는 기업자본의 조직형식을 의미함) 개혁은 "국유자본이 후퇴(역할과 비율의 축소 및 감소를 의미함)하고 민영자본이 전진(역할과 비율의 증가를 의미함)하는 것"입니까?

황슈허(黃淑和): 저는 이렇게 말해서는 안 된다고 생각합니다. 혼합소유제 개혁은 국유자산의 배치구조(國有資產布局結構)를 조정하는 것으로 기업의 국유자산을 구조조정하고 통합하는 것이며, 민간자본을 이용하여 국유자산을 발전시킬 수 있는 하나의 기회입니다. 혼합소유제 개혁의 의미 중 하나는 적은 국유자본을 이용하여 더 많은 민간자본을 유치하여 국유자본의 역할을 확대하는 것입니다. 여러 가지 자본은 (국유자산이) 우위를 가지도록 할 수 있으며, 이는 기업의 발전에도 유리할 것입니다. 더욱 중요한 목적은 국유기업이 전략적 투자자를 유치하여 훌륭한 조직체계를 갖추고 지배구조를 더욱 체계적으로 만들며 시장경쟁에 적응할 수 있는 운영시스템을 수립하는 것입니다. 앞으로 국유기업이 발전하기 위해서는 반드시 '시장메커니즘에 따르며(원문은 시장화(市場化)),' '국제시장을 지향하는(원문은 국제화(國際化))' 길을 걸어야 하며, 그렇지 않은 경우 발전의 가능성이 없을 것입니다.

의 등 2개 회의를 의미함. 현장 인터뷰 보도 기사임.

중국경제주간: 중앙기업[55)]수준의 혼합소유제 개혁은 현재 느리게 진행되고 있는데 어떻게 이러한 문제를 해결할 수 있습니까?

황슈허: 어떻게 문제를 해결할 것인지에 대하여 우선 전제가 있습니다. 어떤 영역이 국가의 지배권(控制: 행정적 통제의 측면보다는 국가가 지분을 가지고 운영상황에 따라 영향력을 발휘한다는 것을 의미함)을 필요로 하는 것인지이며 이들(국가의 지배권을 필요로 하는) 영역에서는 완전히(국유기업에 대한 지배를 하지 않고) 개방하는 것이 불가능할 것입니다. 지배(控制)의 방식은 3가지가 있습니다. 첫째는 국유독자(國有獨資: 국가가 모든 지분을 소유하고 있는 형태임)이며, 현재의 상황을 볼 때 국유독자의 방식을(채택하고) 실시할 기업은 극히 적습니다. 둘째는 절대적인 지배(絶對控股: 국가가 국유기업의 절대적 지분을 보유하는 것임)이며, 셋째는 상대적 지배입니다.

다음 단계에서 우리가 국유기업의 지분을 다양화하는 개혁을 추진하며 혼합소유제 경제를 발전시키는 기본적인 사고방식은 다음과 같습니다. 국유기업의 개혁을 추진하면서, 특히 모회사 수준의 회사제도(公司制, the corporate system: 1980년대 후반이후 중국에서 유한책임회사와 주식회사 등 두 가지 방식을 통해 기업이 법인이 되도록 하고 기업내 지배구조를 정비하는 개혁정책), 주식회사제(股份制: 회사제도 개혁 중 특히 주식회사 제도를 도입하여 기업의 개혁을 추진하는 정책)를 통해 국유기업지분구조를 더욱 최적화하는 것입니다. 주로 다음의 4가지 방식을 채택합니다. 첫째, 국가안전과 관련된 소수의 국유기업과 국가자본 투자기업(國有資本投資公司: 투

55) Key state-owned company, 中央企業은 중앙정부, 특히 중앙정부 국무원 산하 국유자산감독관리위원회가 기업의 절대적인 지분을 가지고 경영과 운영에 대하여 감독과 관리를 하는 국유기업을 의미함.

자, 융자 및 프로젝트 건설을 주로 진행하며 실제사업에 투자하여 지분을 보유하고 자산의 경영과 관리를 통해 국유자산의 가치증대를 추구함), 국유자산 운영기업(國有資本運營公司: 국유자산인 국가의 지분과 주식을 투자하며 실제사업에 투자하지 않는 방식을 취함)은 국유독자의 방식을 채택합니다. 둘째로 국가경제의 근간이 되는 주요산업과 중요한 영역의 국유기업은 국유지분의 절대적 지배를 지속적으로 채택할 수 있습니다. 세 번째로서 주력산업(pillar industry, 支柱産業)에 해당하는 경우 국유자본의 상대적 지배를 유지할 수 있습니다. 넷째로 국유자본이 통제권을 필요로 하지 않으며 사회자본이 지배하는 국유기업의 경우는 국유자본이 지분 참여를 하거나 모든 지분을 매각하는(원문은 '全部退出'로서 모든 지분을 매각하고 이들 분야에서 철수하는 것을 의미함) 방식을 채택할 수 있습니다.

중국경제주간: 혼합소유제 기업 중 국유자본이 어느 정도의 비율을 가질 것인지는 어떻게 결정합니까?

황슈허: 구체적으로 한 기업에서 국유자본의 지분이 얼마나 될 것인지에 대하여 우선 기업이 국가전략 중 어떠한 위치에 처해 있는지, 국가가 기업을 지배하고자 하는지, 어느 정도까지 지배하고자 하는지를 고려해야 합니다. 두 번째는 기업의 발전을 위해 필요한 정도에 따르며, 이는 (운영)메커니즘(机制)의 필요성, 자금의 필요성 등에 따라 지분비율을 결정할 수 있습니다. 구체적으로 실시하는 과정 중에서 유형별로 나누어 연구해야 하고 유형별로 개혁조치를 제시해야 하며, 절대로 '한 칼로 자르는 방식(一刀切: 하나의 기준으로 일률적으로 해결하는 것을 의미함)'을 적용할 수는 없으며, '1기업 당 1개의 방안(一企一策)'을 가지고 실시해야 합니다.

중국경제주간: 이러한 '방안'은 기업에서 제시합니까?

황슈허: 혼합소유제 개혁방안이 확정된 이후 기업 스스로 어떠한 지분구조가 좋은지 제시하게 됩니다. 다만 출자인으로서 국무원 국유자산감독관리위원회는 국가가 필요한 부분을 고려하게 되며 이러한 기업이 국가경제에서 어떠한 위치에 있는지를 고려하여 이를 통해 국가자본이 어느 정도의 지분을 가지는 것이 더욱 합리적인지 제시하게 됩니다.

국유기업 최고경영자 몇 분이 저에게 이러한 일에 대해 물어본 적이 있으며, 저의 전체적인 생각은 차지하는 지분은 최대한으로 낮추어야 하며, (국가자본이) 상대적 지배를 할 수 있으면 된다는 것입니다. 왜 그럴까요? 저의 생각은 국유자산감독관리위원회가 지분비율을 낮추는 것은 더 많은 신용, 더욱 실력 있는 전략적 투자자를 유치하기 위한 것이며 그 목적은 기업지배구조를 개선하고자 하는 것입니다.

혼합소유제 개혁에 대한 관련 방안이 (정부에) 제출되어야 하지만 현재 전체적인 원칙은 일부 분명히 혼합소유제 개혁을 추진해야 할 기업들에 대해서는 우선적으로 추진하는 것입니다. 추진이 용이한 경우는 우선적으로 추진합니다.

중국경제주간: 어떤 영역이 먼저 개방(放開: 국유자본의 완전한 소유 또는 절대적 지배 상태에서 이러한 제한을 풀게 된다는 것을 의미함)하겠습니까?

황슈허: 전력, 통신, 석유, 석유화학, 철도 모두에서 (국유자본의 지배권에 대한) 개방을 할 수 있으며, 혼합소유제 경제를 발전시킬 수 있습니다. 이들 영역에서 국가는 다음 단계에 더욱 (국유자본의 지배권에 대한) 개방을 할 수 있으며, 자원개발 분야도 포함할 수 있습니다.

중국경제주간: 혼합소유제 개혁을 진행하는 과정 중에 어떠한 어려움들이 있습니까?

황슈허: 솔직히 말씀드리면 국유기업개혁은 이러한 '개혁을 뒷받침할 개혁조치(配套改革)'를 필요로 합니다. 그러나 현재 우리는 이러한 '개혁을 뒷받침할 개혁조치(配套改革)'가 매우 느리게 이루어지는 것으로 느껴집니다. 예를 들어 '노동, 인사 및 분배 등 3가지 제도(三項制度: 노동, 간부인사, 급여 및 분배 등 3개 제도를 중심으로 실시하는 개혁조치) 개혁'은 가장 기초적인 개혁이지만 현재 많은 국유기업은 이를 바꾸어나갈 수 없는 상황에 직면하고 있습니다. 동일한 제품, 동일한 조건에서 민영기업은 천명이면 할 수 있는데 국유기업은 수천명이 있어야 할 수 있으며, 또한 이러한 잉여인력(富余的人: 실제 필요보다 많은 인력)에 대해, 국유기업은 사회적인 안정을 고려하여 이들에 대한 감원을 실시하기가 매우 어려운 것을 느끼곤 합니다. '3가지 제도 개혁' 조차 하지 못하는 상황에서 다른 개혁은 어떻게 심도 있게 진행하겠습니까? 또한 국유기업의 역사적인 부담 역시 너무 무거우며 많은 역사적 문제 역시 해결되지 않고 있습니다. 다시 예를 들자면 '새로운 3가지 조직(新三會: 주주총회, 이사회 및 감사회 등 회사제도 및 주식회사 제도를 도입하면서 설립한 3가지 조직임)'과 '기존의 3가지 조직(老三會: 당위원회, 직원대표대회 및 노조 등 국유기업에서 기존에 존재하던 3가지 조직)' 간의 관계를 어떻게 처리해야 할까요? 서구 국가들은 이들 문제가 존재하지 않는데 중국 국유기업에는 존재하고 있습니다.

중국경제주간: 정치협상회의 위원들은 민영기업이 주도하여 혼합소유제를 형성하여야 한다는 견해를 제시하는데, 여기에 대해 어떻게

보십니까?

황슈허: 반드시 그러한 것은 아니라고 봅니다. 국가가 절대적인 지배를 필요로 하는 영역에서는 국유자본은 지배권을 절대로 풀지 않을 것입니다. 충분한 경쟁이 이루어지는 영역에서 민영자본이 잘 할 수 있으면 그들(민영자본)에게 더 큰 활동범위를 줄 수 있습니다. 어떤 영역들에서는 국가가 발전의 필요에 따라 수익성이 없다고 해도 국유기업은 이를 수행해야 하며, 민영자본은 절대로 수행하지 않습니다. (국가자본의 지배권을) 개방할 영역은 내재적 리듬(節奏: 사물, 음악 등의 리듬 또는 운율을 의미함)에 따라 개방해야 하며 일률적으로 모두 개방할 수 있는 것이 아닙니다. 앞으로 중국기업이 해외로 진출하는 과정 중에서 국유자본과 민영자본은 손을 잡고 협력하여 공동으로 해외에서 발전을 추구할 수 있을 것입니다.

2.3 중국 국유기업 기업문화 수립

아래에서는 먼저 중국정부 주도로 보급된 중국 기업문화에 대해 살펴보고자 한다. 첫째로 중국기업의 기업문화에 대해 살펴보고자 하며 두번째로 국유자산감독관리위원회를 중심으로한 국유기업 기업문화 수립에 대해 살펴보고자 한다.

중국기업은 1993년 이후부터 국유기업, 민영기업, 다국적기업 등 다양한 기업이 각축을 벌이는 국내외 시장에서 경쟁력을 구축하기 위한 방법으로 기업문화를 구축해야 하고자 하는 생각을 하게 되었다고

볼 수 있다.[56]

중국기업들이 기업문화를 도입한 과정은 4단계로 나누어 볼 수 있다.[57] 첫 번째로 1단계는 기업문화 수립 이전 단계이다. 1949년에서 1983년 사이에 기업의 형태로는 주로 국영기업이 존재하는 상황 하에서 개별 기업의 기업문화가 존재하지 못하고 중앙의 정책에 따라 사회적 정책방향과 사회적 운동과 같은 방식으로 추진되었다. 이 시기 마안산강철(馬鞍山鋼鐵)의 '안강헌법(鞍鋼憲法)'이 그 대표적인 예라고 할 수 있다. 두 번째로 2단계는 기업문화의 중국 내 도입단계이다. 중국정부는 1984년에서 1991년 사이 국영기업에 대한 개혁을 적극적으로 추진하였고 기업은 물론 학계에서도 기업문화의 필요성을 인식하게 되었고 기업문화를 연구하는 학자들은 기업문화이론의 중국 내 적용이 가능할 것인지, 중국기업이 기업문화를 만들 필요가 있는지에 대한 고민을 하게 되었다. 1988년에 이르러서는 '중국기업문화연구회(中國企業文化研究會)'가 출범하여 기업문화를 연구하기 시작하였으며 주요 대형국유기업을 중심으로 기업문화 수립에 대한 연구와 시범적으로 기업연구를 수립하려는 노력이 이루어졌다. 세 번째인 3단계는 기업문화의 중국 내 보급단계이다. 이 시기에는 국유기업의 경영권과 소유권 문제를 포함한 국유기업개혁이 지속적으로 진행되면서 현대적인 기업제도를 모델로 하여 이러한 현대적인 기업제도를 기업에 만드는 것이 매우 중요한 과제로 되었다. 특히 1998년 중국공산당은 제

56) 김용준 외,『중국일등기업의 4가지 비밀』, 서울: 삼성경제연구소, 2013.

57) 馬鋼企業文化建設研究課題組, "企業文化的由來與在我國的發展",『安徽工業大學學報(社會科學版)』, 第22卷 第4期, 2005.

14기 중앙위원회 3차전체회의에서 기업 내 '기업문화' 건설을 중요한 정책적 목표로 하고 있음을 보여주었다.[58] 이 시기에 거시적으로는 중국정부가 기업문화를 건설하고 미시적으로는 중국기업들이 기업문화를 수립하며 보급하고자 노력하였다. 네 번째는 4단계로서 기업문화의 중국 내 확대보급 단계이다. 2001년 이후 현재까지 다국적기업 등 외자기업들의 중국투자가 확대되면서, 중국기업들에게는 중국적인 가치와 특색을 가지고 스스로의 핵심경쟁력을 창출할 수 있는 기업문화 수립이 중요하게 되었다. 미국식 경영학 이론과 함께 도입된 기업문화를 답습하고 학습하던 수준에서 벗어나 중국기업 본연의 기업문화를 수립하기 위한 노력이 이루어지고 있다.

다음으로 국유기업 기업문화를 살펴보기 위해 국유자산감독관리위원회의 견해를 중심으로 기업문화에 대한 정부의 입장을 살펴보고자 한다.

중국 국자위, 즉 국유자산감독관리위원회(SASAC, The State-owned Assets Supervision and Administration Commission of the State Council)는 2005년에 '국가의 중앙기업 기업문화 강화에 대한 지도의견(關於加强中央企業企業文化建設的指導意見)'을 통해 120개 국유기업 그룹에 대한 기업문화의 방침을 제공고자 하였다.[59]

국자위의 이 '지도의견'은 4개의 장과 18개의 절로 구성되어 있으

---

58) 中共中央辦公廳,『中共中央關於加強和改進思想政治工作的若幹意見』, 中發〔1999〕17號, 1999.

59) Hawes, C.,『The Chinese Transformation of Corporate Culture』, NY: Routlege, 2012.

며, 1장 1절부터 기업문화에 대한 비(非)중국적 해석과는 다른 측면을 보여 준다. 국자위는 다음과 같은 견해를 보여주고 있다.[60]

> 선진적인 기업문화는 기업이 지속적으로 발전하기 위한 정신적인 지주이고 동력이며 원천이다. 이는 기업 핵심경쟁력을 구성하는 중요한 부분이다. 선진적인 기업문화를 수립하는 것은 당의 국가운영능력(執政能力)을 강화하고 사회주의의 선진문화를 발전시키며 사회주의와 조화로운 사회(和諧社會)를 구축하는 중요한 구성부분이다. 이는 또한 (국유)기업이 심도있는 개혁을 추진하고 빠른 발전을 이루며 강력하고 규모가 큰 기업군을 육성하기 위한 절박한 필요성에 기인한 것이다. 이는 당의 정치적 우위를 발휘하고 높은 수준의 구성원조직을 만들고 인간의 전면적 발전을 촉진하기 위한 필연적인 선택이다. 이는 기업이 경영관리수준을 높이고 응집력을 강화하며 핵심경쟁력을 창출하기 위한 전략적인 조치이다(국유자산감독관리위원회의 '국가의 중앙기업 기업문화 강화에 대한 지도의견' 1장 1절).

이러한 기업문화의 중요성과 의미에 대한 정부의 해석은 대학의 경영학 전공 학생을 위한 교재와 중국 내 기업문화 분야 전문가에 의한 교재에서 제시되는 학계의 견해와는 상당히 다른 모습을 보여주고 있다.

중국 국자위(SASAC)는 국가의 중앙기업 기업문화 강화에 대한 지도의견 1장 2절을 통해 전면적이고 조화로우며 지속가능한 과학적 발전관에 따라 중화민족의 우수한 전통문화를 대외적으로 알리고 중앙기업의 우수한 전통을 계승하면서 국내외의 현대적인 경영관리와

60) 國有資産監督管理委員會, 『關於加強中央企業企業文化建設的指導意見』, 國資發宣傳[2005]62號, 2005.

기업문화의 우수한 성과들을 적극적으로 벤치마킹해야 한다고 밝혔다. 국자위는 이를 통해 풍부한 내적 의미를 가지고 특색 있는 기업문화를 수립하고 중앙기업의 지속적이고 빠르며 조화롭고 건강한 발전을 촉진하며 국유경제를 발전시키고 각 지역에서 샤오캉사회(小康社會)를 건설하는데 새로운 공헌을 해야 한다는 것이다.

동일한 기업문화를 보는 시각에서도 정부의 해석은 기업문화의 변화를 진행하기 위한 전략을 개괄적으로 제시하는데 비해, 학계의 해석은 절차에 따라 다양한 핵심가치, 기업 철학과 함께 의식(ritual), 종업원에 대한 인센티브 및 기업문화 홍보의 방법을 개발하는 측면에 집중하여 더욱 강하고 긍정적인 기업문화를 만들게 하는 측면이 있다.

사실 중국 기업문화가 보여주는 가장 주요한 경향은 무의식적으로 또는 의식적으로 기업문화의 업무영역과 정치적, 이념적 업무영역을 혼동하고 있다는 것이다.

중국정부가 정치와 기업경영을 분리하는 정책을 실시하고 있으며 대부분의 국유기업에서 경영자는 당위원회 서기가 아닌 기업 CEO이지만, 역사적인 원인과 맥락 때문에 기업문화는 당조직, 즉 당위원회가 책임지고 있다. 현재 기업의 근본적인 목표는 이윤을 최대화하는 것이며 이는 경제적 성과를 주로 강조하게 됨을 의미하고 있다. 그러나 당조직은 정치적인 목표를 주로 강조하고 있다.

중국 기업이 정치적이고 이념적인 업무를 기업문화를 이루는 '핵심가치'로 삼으면서 정부가 홍보하는 다양한 정책적 목표들을 기업문화의 정의에 포함시킨다면 이와 같이 제시되고 정의된 '기업문화'는 기업 자신이 발전을 위해 형성하는 것이 아니며, 이와 같은 기업문화는 구성원들에 의해 잘 받아들여지지 않을 것이다.

중국정부는 고속성장을 실현하는 과정 중에 시장 내 경쟁을 최소화하는 룰메이커(rule maker)이자 기업의 출자자로서 국유기업에 유리한 시장환경을 조성해왔다. 이에 따라 중국 국유기업은 주요 이해관계자로서 보이는 손(看得見的手, visible hand)으로 작용해 온 중국정부의 정책에 적극 협조할 수밖에 없었다.[61)]

중국 국무원 산하 국자위는 기업의 기업문화 건설에 대한 구체적인 견해를 제시하였다. 중국 공산당은 어떠한 이유 때문에 기업문화를 이처럼 유용하게 생각했을까?

이는 기업문화가 중국 공산당이 새로운 'Business Friendly'한 신분을 가지게 하는 것과 함께 기업에 지속적인 압박을 가하는 것을 정당화해주며, 동시에 중국 공산당의 '빵'과 '버터'였던 문화적, 이념적인 주제를 더욱 광범위하게 포괄하게 하기 때문이다.

그러나 여기서 잊지 말아야 할 것은 현대기업제도로 지배구조 개혁이 이루어진 것은 국유기업에 독립적인 경영권을 부여하여 국유기업이 국내에서는 물론 국제시장에서 경쟁력을 확보하도록 하기 위한 것이라는 측면이다.

국유기업 CEO는 정부의 정책적인 지원과 제도적인 제약 하에서 기업 본연의 핵심역량을 구축하기 위해 기업 내부의 자원을 충분히 이용해야 한다. 정부정책에서 오는 제약을 극복하려면 핵심 경쟁력을 갖추어야 하며, 이를 위해서는 독창적이고 깊이 있는 기업문화 수립

---

61) 김용준 외, 『중국일등기업의 4가지 비밀』, 서울: 삼성경제연구소, 2013.

을 위한 노력과 고민이 필수적일 것으로 보인다.

2.4 중국 국유기업경영 사례연구

1) 산동에너지그룹 사례(소유권 및 지배구조 사례)

포천 세계500대 기업에 포함된 산동성(山東省) 소재기업인 산동에너지그룹의 사례를 살펴보고자 한다.

2010년 산동성 당위원회와 성정부는 신원광업그룹(新汶礦業), 자오주앙광업그룹(棗庄礦業), 즈보광업그룹(淄博礦業), 페청광업그룹(肥城礦業), 린이광업그룹(臨沂礦業), 롱커우광업그룹(龍口礦業) 등 6개 기업을 합병하여 산동에너지그룹으로 개편하였고, 2010년 12월 정식으로 출범하였다. 이를 통해 산동성석탄기업의 지역적 융합과 함께 각 기업의 경쟁우위를 결합하여 그룹 전체 역량을 크게 강화하였다. 이와 함께 산동성은 계획적으로 소규모 석탄광산을 폐쇄조치하고 있다. 2000년이후 소규모 탄광 433개소를 정리하고 폐쇄하였다.[62]

1979년에서 1992년까지 중국정부가 국유기업에게 더욱 큰 경영권을 허용해주고 이익을 기업내부에 유보하게 하며(放權讓利) 경영책임제(承包)를 실시하면서 중국 국유기업들은 적절한 분권화가 이루어지는 환경에 처하게 되었다. 하지만 이러한 운영모델 하에서 정부는 국

62) 牛克洪, "七省區煤企重組的特點及煤企重組的六大趨勢", 『中國煤炭』, 2010年 第11期, 2010.

유석탄광산(國有煤礦)에 대해 소유권과 경영권을 행사하였다.[63]

1993년에서 2002년까지 국유기업에 대한 개혁이 심화되면서 기업의 소유권문제와 관련된 개혁이 이루어지게 되었다.

먼저 산동에너지그룹 산하 즈보광업그룹(淄礦礦業集團)을 그 예로 살펴보겠다. 즈보광무국(淄博礦務局)은 1953년에 건립되었고 2002년 국유독자회사(國有獨資公司)로 전환되었다. 〈그림 3.2.4-1〉을 살펴보면 산동에너지그룹 즈보광업그룹의 전신인 '즈보광무국(淄博鑛務局)' 문자가 뚜렷하게 보인다.

2015년까지 100% 지분을 보유한 회사를 10개, 지배적 지분을 가지

〈그림 3.2.4-1〉 산동에너지그룹 즈보광업그룹 유적비
자료: 저자 직접 촬영

63) 孫海霞, "從山東能源集團組建看山東煤炭企業產權改革", 『中國市場』, 2012年 第6期, 2012.

거나 실질적인 지배를 하고 있는 회사를 11개, 문화 교육 및 위생 등 사업단위 2개 보유하고 있고, 의료기계 및 건강, 시멘트 및 신재료, 석탄화학공업, 건축, 물류 등 산업에 참여하고 있다. 즈보광업그룹의 본사는 즈보시 즈추안구(淄博市淄川區)에 위치하고 있으며, 산동성, 샨시성 및 네이멍구성 등 지역 소재 5개 시에 생산 및 경영조직을 갖추었다. 또한 〈그림 3.2.4-2〉에 즈보광업그룹이 산동에너지그룹 산하의 기업임을 명확하게 표시하고 있다.[64)]

아래에서는 다시 산동에너지그룹 산하 페이청광업그룹(肥城礦業集團)을 그 예로 살펴보겠다. 1997년 석탄공업부(煤炭工業部)는 '페이청광무국(肥城礦務局)의 현대적 기업 건설 관련 문제에 대한 답변(關于肥城礦務局建立現代企業 制度有關問題的批复)'을 통해 페이청광업국을 '회사법'에 따라 국유독자기업으로 전환시켰다. 중국정부가 법규를 발표하기 전에는 석탄공업부가 국가를 대표하여 페이청광업그룹에 대하여 출자자의 직능을 수행하였으며 페이청광업그룹이 회사업무 범위 내에서 국유자산을 경영할 수 있도록 하였다. 1990년대 후반에 들어오면서 석탄산업은 자원고갈 현상이 발생하고, 노후화된 갱도, 잉여인원 및 이직인원과 퇴직인원이 많아지며, 경영난을 겪는 기업이 많아지고 석탄시장이 침체되며 경쟁이 치열해지면서 석탄기업들은 역사적으로 가장 어려운 시기를 맞게 되었다.

2002년에서 2011년까지는 국유기업에 대한 전략적인 구조조정이 심화되는 시기였다. 중국정부는 각종 관련분야 개혁을 추진하였다.

---

64) 李景慧 외, "淄礦的投資"秘笈"", 『中國煤炭工業』, 2015年 第5期, 2015.

이러한 개혁조치는 정부기능 전환, 기업채무구조 조정, 사회보장제도 수립, 기업의 사회적 부담 경감, 기업 잉여인력문제에 대한 지원 등을 포함하였다.

페이청광업그룹에 대하여 일련의 조치들이 취하여졌다. 첫째는 채무출자전환으로 2001년 12월 페이청광업그룹이 주도적인 지분을 가지고 중국신다자산관리회사(中國信達資産管理公司), 중국화룽자산관리회사(中國華融資産管理公司)와 함께 산동동위에에너지유한책임회사(山

〈그림 3.2.4-2〉 산동에너지그룹 즈보광업그룹 정문의 표식
자료: 저자 직접 촬영

東東岳能源有限責任公司)를 설립했다. 두 번째는 주식회사제로의 개편으로서 페이청광업그룹이 기계회사(機械廠), 공정처(工程處), 지질탐사처(地質勘探處) 등 산하 기업 및 부서(二級單位)에 대한 주식회사제 개편을 실시하였다. 당시에 페이청광업그룹은 국유자산의 유실을 방지하고 기업구성원들의 권익을 지키기 위해 노력하였다. 지분구조에서는 경영자가 적절한 수준에서 더 많이 지분을 가지고 직원의 능력을 고려하여 지분비율을 선택하였다. 기업지배구조는 회사법에 근거하여 체계적으로 정비하고 운영하였다.

세 번째로 노후화된 수직갱도(礦井)를 폐쇄하였다. 국가정책에 근거하여 페이청광업그룹 산하 5개 자원이 고갈된 석탄광산에 대한 폐업파산신청을 하였다. 직원신분이 전환되도록 하고 기업자원에 대한 효과적인 구조조정(資源重組)이 이루어지도록 하여 노후화된 갱도가 다시 활력을 가지게 하였다.

네 번째로 주업과 부업이 분리되도록 개혁을 추진하였다. 주식협력제(股份合作制) 개편을 적극적으로 실시하였다. 시장에서 생존할 수 있는 능력이 있는 가능한 일련의 조치를 통해 국유자본이 가진 지분을 정리하도록 하였다. 국유자본을 한 번의 조치를 통해 정리하기 어려운 경우는 국유자본이 참여하거나 임시적으로 국유자본이 지배적인 지위를 유지하되 여건이 될 때 다시 국유 지분을 정리하도록 하였다. 경영목적을 위해 부업을 보유하고 있는 경우에는 기업국유자본이 지배하는 방식을 취하지 않으면서 사업단위(單位)별로 현대적 기업제도에 따른 개혁을 진행하였고 사업단위 기업별 핵심기술인력, 관리자, 영업인원들이 지분을 많이 가지도록 하였다.

다섯째로 학교, 지역사회(社區) 및 공안기관(公安機構) 등 사회적 기능을 정부로 이관하였다. 이를 통해 기업의 경제적 부담을 경감하고 기업의 활력과 경쟁력 제고에 도움을 주었으며 '정부와 기업 간 구분이 모호한(政企不分)' 문제를 적절하게 해결할 수 있었다.

산동에너지그룹을 건립하게 된 것은 산동석탄산업의 국유기업 개혁이 '소유권개혁(産權改革)'이 중심이 되는 새로운 단계에 진입하였으며 국유자산구조를 합리화하게 되며, 관련된 국유기업의 수를 가급적 줄여나갔지만 이들이 장악하고 있는 경제적 규모는 더욱 증대되었다. 국유기업 개혁이 심화되면서 국유기업 개혁에서 실질적인 단계에 진입하였고, 일부 국유자본이 경쟁적인 분야에서의 사업을 정리하고, 이를 통해 경쟁우위를 가진 기업들이 더욱 집중하는 방식으로 국유기업의 전략적인 구조조정을 촉진하게 되었다.

산동성은 '석탄업 "12차 5개년계획"(山東省煤炭行業"十二五"規劃)'에 근거하여 12차 5개년발전계획이 끝날 때까지 산동성은 1,000억 위앤 이상을 석탄산업에 투자하여 산동성 내부, 외부 및 해외에 6개 생산지역 체제를 정립하고자 하였다. 산동성에너지그룹은 산동성이 산동성 외부 및 해외 석탄자원으로부터 수입을 창출하기 위한 중요한 투자 플랫폼이 되고 있다. 이를 통하여 산동에너지그룹이 주업인 석탄업을 발전시키는 것 이외에도 석탄산업의 사업조정을 실현하는 중책을 담당하고 있다.

산동성은 국유석탄기업에 대한 소유권 개혁을 통해 아래와 같은 성과를 실현하였다. 첫째는 소유권관계가 명확해 지면서 출자자 문제를 해결하게 되었다. 2004년 산동성 국유자산감독관리위원회가 출범하면서 완전하고 독립적이며 명확한 행위의 주체로서 국가를 대표하여 소유권과 지배권을 행사할 수 있게 되었다.

산동성은 석탄산업과 관련하여 소유권제도가 핵심이 되는 국유기업개혁을 적극적으로 추진하고 종합적으로 석탄광산의 정책적인 폐업 파산과 함께 주업과 부업 간 분리, 부업에 대한 현대적기업제도 개혁, 산동성 전체의 우량자산과 인적자원에 대한 거시적인 구조조정을

〈그림 3.2.4-3 산동에너지그룹 즈보광업그룹 안내표시판〉
자료: 저자 직접 촬영

통해 산동성석탄기업그룹을 설립하고자 하였다. 이는 산동성 역사 상 최대 규모의 성정부가 주도하는 국유자산 구조조정(省管企業資産重組)이었다.

두 번째로 체계적인 기업지배구조를 수립하고 국유기업이 현대적인 기업제도에 부합하는 주주총회, 이사회, 감사회 및 경영자 제도를 갖추고자 하였다. 산동성석탄기업은 이사회에서 외부이사를 위촉하고 이사회 구조를 개선하기 위해 많은 노력을 기울였다. 당위원회는 일반적으로 내부이사, 경영자(經理層骨干) 및 공회주석(工會主席) 등으로 구성되며, 대표이사는 일반적으로 당위원회 서기 직무를 겸직하고 있다. 〈그림 3.2. 4-3〉을 살펴보면 산동에너지그룹 즈보광업그룹이 내부에 조직부와 당위원회를 설치하였음을 명확하게 알 수 있다.

CEO인 총경리이외에 경영층(經理層)의 기타 인원들은 원칙적으로 이사회에 진입할 수 없도록 하여 의사결정을 책임지는 인원과 의사결정을 집행하는 인원들이 서로 분리되게 하고자 하였고 경영층의 집행능력을 높이고자 하였다.

세 번째로는 채무의 지분전환, 국유기업에 대한 파산 정책, 국유자본의 퇴출, 협력파트너 유치 등을 통해 국가자본이 지배적 지위를 가지는 전제 하에서 다양한 주체가 참여하는 다양화된 지분구조를 수립하였다. 국유자본은 절대적인 지배지위, 상대적인 지배지위 및 지분참여 등 방식을 취하였다. 이중 절대적인 지배지위는 국유자본이 50% 이상의 비율을 가지며 상대적인 지배지위는 국유자본이 50% 이하의 비율을 가지지만 여전히 지배적 지위를 가지고 있는 방식이다.

2) 이치자동차 사례[65](기업지배구조 사례)

중국이치자동차(中國一汽汽車)는 2017년과 2018년 포천 글로벌 500 대기업명단에서 모두 125위를 기록한 중국자동차산업 국유기업 중 가장 대표적인 기업 중 하나이다. 〈그림 3.2.4-4〉는 이치자동차그룹이 2019년 출시한 홍치(紅旗) HS7모델을 보여준다.

우선 이치자동차의 주요 연혁과 함께 국유자산관리위원회, 이치그룹 및 이치자동차주식회사 간 지분관계에 대해 살펴보고자 한다.

1952년 중국정부는 중공업부를 통해 지린성(吉林省) 창춘시(長春市) 자동차공업준비조(汽車工業籌備組) 652공장을 설립하였다. 1964년에 중국 국가경제무역위원회는 베이징(北京)에 구소련이 실시했던 트러

〈그림 3.2.4-4〉 이치자동차 홍치(紅旗) HS7모델
자료: 2019년 7월 17일자 하이커우일보(海口日報) 보도자료 및 보도사진

---

65) 이상윤, "중국 국유기업 지배구조의 변천과정에 대한 연구: 이치자동차와 상하이자동차 사례를 중심으로", 『동북아연구』, 제32권 제1호, 2017.

스트(托拉斯, trust) 제도를 도입한 후 제1기계공업부 산하기업으로 설립한 중국자동차공업기업회사(中國汽車工業企業公司)를 설립하고 동북지역에 제일자동차공장(第一汽汽車廠)을 중심으로 하여 창춘자동차분회사(長春汽車分公司)를 설립하고, 자동차 분야 13개 기업과 창춘자동차연구소(長春汽車研究所)를 설립하였다.

1982년 국가경제무역위원회는 이치자동차 중심의 '해방자동차공업연합운영회사(解放汽車工業聯營公司)' 설립을 승인하였다. 1986년 해방기자동차공업연합운영회사는 '해방자동차공업기업연합운영회사(解放汽車工業企業聯營公司)'로 명칭을 변경하였으며 이 연합운영회사에 참여한 회원사는 1980년대 말까지 101개 기업을 기록했다.[66] 당시 이치자동차는 '해방자동차공업기업연합운영회사(解放汽車工業企業聯營公司)'라는 명칭 이외에 '제일자동차공장(第一汽汽車廠)'라는 또 다른 기업명칭을 사용하고 있었다.[67]

계획경제 체제 하에서 운영되었던 이치자동차(一汽汽車)는 구소련의 관리방식에 따르던 국유기업이었고, 이치자동차는 "화장시설(火葬場)을 제외한 모든 것들[68]을 갖추고 있다"라고 할 수 있을 만큼 사회적 부담을 지는 상황이었다.

이치자동차는 많은 직간접적 부서와 함께 각종 부속기관을 포괄

66) 中國第一汽車集團公司, 『一汽創業五十年 1953-2003』, 長春: 中國一汽車集團公司, 2003.

67) 中國第一汽車集團公司, 『中國一汽志 上卷』, 長春: 中國一汽車集團公司, 2011.

68) 즉 화장장 이외에 모든 시설을 갖추고 있었다는 의미임.

하여 '이치자동차그룹'과 법인지위를 갖추고 100% 지분을 보유한 완전소유자회사(全資子公司) 및 지배자회사(控股子公司)체제로 전환시켰다.[69)]

1992년에 이르러 국무원은 '해방기자동차공업기업연합운영회사(解放汽車工業企業聯營公司)'의 명칭을 '제일자동차(그룹)회사(第一汽汽車(集團)公司)'로 변경하는 안을 승인하였다. 1992년 7월에 중국 공상행정관리국(工商行政管理局)은 이치자동차의 기업명칭을 '이치그룹(一汽集團)', 즉 '중국제일자동차그룹(中國第一汽車集團)'으로 변경하고, 그룹의 핵심기업 명칭을 '중국제일자동차그룹회사(中國第一汽車集團公司)'로 변경하는 안을 확정하였다.

1991년 중국정부는 '기업그룹시험사업(企業集團試點)'[70)]을 실시하였고 1993년에는 국유자산관리국(國有資産管理局)를 통해 이치자동차에 국유자산에 대한 경영권을 부여하여 이치그룹과 그룹 내 회원사 간 자산 관계를 명확히 하였고 체계적으로 정비하고자 노력하였다. 이러한 그룹차원의 개혁정책을 통해 이치자동차는 1995년 34개 기업을 무상 및 유상증여, 주식인수와 자본참여 등 방식으로 완전소유자회사(全資子公司), 지배자회사(控股子公司), 분회사(分公司)[71)] 및 비용센터(成分中心, cost center)라는 방식으로 이치그룹에 참여하게 하였으며, 18개 기

---

69) 馬振東, 『欲尋陳跡都迷』, 長春: 中國一汽車集 團公司, 2002, p. 12.

70) 李卉, "我國企業集團發展曆程研究", 『集團經濟研究』, 2007年 第7期, 2007.

71) 재무제표를 살펴볼 때 분회사(分公司)는 별도의 독립적인 법인으로 표시되지 않으며 그 경영실적이 한 기업의 경영실적에 포함된다. 이는 자회사인 '子公司'가 재무제표에 별도의 법인으로 그 경영실적이 별개로 표시되는 것과는 구별된다.

업체 및 사업체를 이치자동차가 이들에 지분을 참여하는 방식으로 전환시켰다.[72)]

중국제일자동차그룹회사(中國第一汽車集團公司)가 출범한 이후 기존의 이치자동차 회원사와 참여기업을 현재적 기업제도의 틀에서 기업조직으로 전환하고자 하는 '회사화(公司化)' 개혁작업이 2002년까지 진행되었다. 이치승용차주식회사(FAW Car Co., Ltd., 一汽轎車股份有限公司)는 1997년 중국 선전증권거래소(深圳証券交易所)에 상장되었고, 총 1,050,000,000주의 자본금 중 유통이 가능한 주식은 300,000,000주였다. 그 중 중국제일자동차그룹회사(中國第一汽車集團公司)는 그룹의 모회사로 전체 지분 중 71.43%인 750,000,000주를 보유하였다. 당시에는 이 71.43% 모두는 유통이 불가능한 '국유법인주(國有法人股)'였다.[73)]

2011년 국무원(國務院) 산하 국유자산감독관리위원회(國有資産監督管理委員會)는 이치그룹이 이치자동차와 기업 전체의 자산 및 지분을 출자대상으로 하고, 이치자산경영관리유한회사(一汽資産經營管理有限公司)가 현금으로 출자하게 하였다. 국유자산감독관리위원회는 이와 같이 2011년 6월 중국제일자동차주식회사(中國第一汽車股份有限公司)가 상장되도록 하였고, 중국제일자동차주식회사(中國第一汽車股份有限公司)는 이치그룹이 지분을 가지는 자회사가 되었다.[74)]

---

72) 中國第一汽車集團公司, 『一汽創業五十年 1953-2003』, 長春: 中國一汽車集團公司, 2003, p. 421.

73) 一汽轎車股份有限公司, 『一汽轎車股份有限公司股票上市公告書』, 1997.

74) 中國第一汽車集團公司, 『中國一汽志 上卷』, 長春: 中國一汽車集團公司, 2011.

중국제일자동차그룹(中國第一汽車集團公司)은 중국 중앙정부 산하 국유기업으로, 국무원 국유자산감독관리위원회는 중국제일자동차그룹회사 지분을 100% 보유하고 있고, 중국제일자동차그룹회사는 이치자동차주식회사(中國第一汽車股份有限公司)의 지분 중 99.6%를 직접 소유하고 이치자산경영관리유한회사(一汽資産經營管理有限公司) 통해 나머지의 소수 지분을 보유하여 역시 지분을 100% 보유하고 있다. 마지막으로 이치자동차주식회사는 이치승용차주식회사(一汽轎車股份有限公司) 지분을 53.03% 보유하고 있는 방식을 취하고 있다.[75] 중국정부는 절대적 지배가 필요한 산업의 국유기업에 대해 실질적으로 지배권을 행사할 수 있는 지분을 보유하고 있다.

두 번째로 이치자동차의 경영진을 중심으로 한 기업지배구조를 알아보도록 하겠다. 제일자동차제조공장(第一汽車製造廠) 시기에는 공장장(廠長), 제1 제2 부공장장(副廠長), 부공장장(副廠長)과 함께 총공정사(總工程師), 총회계사(總會計師) 제도를 채택하였다. 이치자동차그룹(中國第一汽車集團公司) 시기에 들어서는 1992년에서 2010년까지 CEO(總經理), 부(副)CEO 와 총공정사(總工程師) 제도를 채택했다. 이치자동차그룹(中國第一汽車集團公司)은 2010년 12월부터 대표이사, 부대표이사, CEO, 부CEO와 총회계사 직무를 설치하였다.

아래에서는 이치자동차의 당위원회와 관련된 기업지배구조를 살펴보겠다. 제일자동차제조공장(第一汽車製造廠) 시기에는 당위원회 서기(書記), 상무부서기(常務副書記), 부서기(副書記) 직무를 설치했으며, 이치

75) 一汽轎車股份有限公司,『一汽轎車股份有限公司 2016年年度報告』, 2017.

그룹(中國第一汽車集團公司) 시기에서 현재까지 당위원회 서기, 상무부서기, 부서기 제도를 채용하고 있다.

이중에 1985년에서 1991년 11월까지 제일자동차제조공장(第一汽車製造廠) 제1부공장장으로 재직했던 리즈구어(李治國)는 지린성 기계청(機械廳) 청장 출신의 관료였다. 1992년 10월부터 1999년 2월까지 이치그룹(中國第一汽車集團公司) CEO 겅샤오지에(耿昭杰)는 동시기에 당위원회 서기를 겸직하였다. 2010년에서 2011년 12월까지 쉬지엔이(徐建一)는 이치그룹(中國第一汽車集團公司) 대표이사(董事長)와 당위원회 서기를 겸직했다.[76] 2017년까지 쉬핑(徐平)은 이치그룹 대표이사(董事長)와 당위원회 서기를 겸직하였다. 같은 시기 부대표이사 친환밍(秦煥明) 또한 부대표이사 직무와 당위원회 부서기를 겸직하였다.[77] 1998년 중국 중앙조직부가 발표한 '국유기업 개혁 심화 중 당조직설치와 지도관계 등 관련문제에 대한 중공중앙조직부의 통지(中共中央組織部關于在深化國有企業改革中党組織設置和領導關系等有關問題的通知)'와 같이 국유기업에서 필요시 당위원회 서기 또는 부서기와 대표이사 또는 부대표이사 직무는 겸직할 수 있으며 실제로 많은 국유기업 경영진 인선에서 이와 같은 방식을 채택하고 있다.

76) 中國第一汽車集團公司, 『中國一汽志 上卷』, 長春: 中國一汽車集團公司, 2011.

77) 중국제일자동차그룹회사 홈페이지 자료 http://www.faw.com.cn/gyjt_index.jsp?ption=1&pros=3&needle=jtgl&needle_2nd=gsldcy&page1=/gyjt/jtgl/gsldcy/10.jsp, 검색일: 2017년 6월 29일.

3. 중국 민영기업의 경영

3.1 중국 민영기업경영

중국 민영기업은 중국 내에 사회주의체제를 기반으로 한 국가가 설립되어 우여곡절과 많은 어려움을 겪으며 성장했지만 가장 자연스러운 형태의 기업이라고 볼 수 있다.

중국 민영기업은 스스로 모범을 보이고 건실한 경영을 하고 주위의 환경변화를 파악하면서 또한 준법경영을 하지 않으면 중국정부 또는 정부정책에 의해 또는 국유기업에 의해 사업본연의 성공여부와 관계없이 실패하거나 지위를 잃게 될 수도 있는 상황에 처해 있다. 중국 GDP에 대한 공헌도를 살펴보면 이미 사유경제(私有經濟, 즉 민영기업과 개체공상호 등 개인기업가)의 공헌도가 더 크지만 민영기업인들은 공산당에 대한 의존성이 크며 체제 상의 한계를 인식하고 있으며 신중한 경영활동을 하는 특징을 보여주고 있다.[78)]

그럼에도 불구하고 2장에서 살펴본 바와 같이 중국 민영기업은 개혁개방이후 법적, 경제적 지위를 부여받아 성장을 해오고 있다.

중국 민영기업들의 경영을 이해하기 위해 다음과 같은 특징들을 이해해야 한다.

민영기업은 소유권과 경영권이 중첩되는 경영방식을 채택하고 있다. 또한 민영기업들 가운데 처음 시작할 때 소유권 문제가 명확하게

78) 우진훈, 『중국식경영』, 서울: 오래, 2018.

정리되지 않아 경영의 어려움을 가중시키는 경우가 상당수 존재하였다.[79]

둘째로 다수의 민영기업들은 가족기업 형태로 사업을 시작하였다. 이는 중국인들이 친척(kinship), 혈연(lineage) 및 이들에서 확장된 관계(guanxi, 關係) 네트워크 중심의 생활을 하고 이들 네트워크를 기반으로 일을 하고 사업을 진행하기 때문이다.

이에 따라 가족기업의 특성을 가진 민영기업은 다음과 같은 경영방식을 보여준다.

첫째로는 민영기업의 통제권을 가족 또는 준(準)가족 구성원[80]이 가지게 된다. 둘째로는 민영기업의 소유권과 경영권은 구분되지 않으며 소유권은 혈연, 친척 및 혼인관계 등을 통해 이루어진 가족구성원이 장악하게 되며 가족 또는 준(準)가족 구성원이 경영권을 장악하게 된다.[81][82] 가족기업 형태의 민영기업은 기업승계문제가 매우 중요한 문제가 된다. 이와 같은 기업승계가 이론적으로는 혈연관계에 있는 승계자가 장기간 경영수업을 받고 실제업무에서 풍부한 경험을 가지게 되고 기업의 응집력과 현대적 경영기법을 결합하게 되면 기업의 성장과 발전에도 긍정적이라는 것이다.

탁월한 지배구조와 경영방식을 가진 민영기업은 기업의 성장과 변화에 따라 변화하는 특징을 보여주게 된다. 이는 중국 민영기업들이

79) 田千里,『老板論』, 北京: 經濟科學出版社, 2000.

80) 여기에는 친척, 친구, 동창, 동향 등의 밀접한 관계에 있는 사람들이 포함됨.

81) 李維安 외『公司治理教程』, 上海: 上海人民出版社出版, 2002.

82) 李新春,『企業聯盟與網絡』, 廣東: 廣東人民出版社, 2000.

가족기업으로 출발하여 현대적 기업제도를 받아들이고 현대적 기업 지배구조를 갖추며 상장기업이 되는 과정 중에 경영방식에서 부단히 변화가 일어날 수 있음을 의미하는 것이다.

실제로 〈표 3.5.1-1〉를 살펴보면 포천 글로벌 500대기업 중 456 위에 리스트된 新疆廣匯實業投資(集團)有限責任公司(Xinjiang Guanghui Industry Investment)는 가족기업으로 시작하여 글로벌 500대기업에 포함된 민영기업의 성공사례이다. 또한 華爲投資控股有限公司(Huawei Investment & Holding)는 민영기업 중 단연 돋보이는 모습을 보여 포천 글로벌 500대기업 중 72 위를 기록하였다.[83)]

중국 민영기업의 경영을 살펴보기 위해 중국 민영기업을 중심으로 중국기업경영의 특징에 대해 살펴보고자 한다.

우선 중국 민영기업의 기업가의 특징에 대해 같이 생각해보기로 하겠다. 첫째로 중국 민영기업의 기업가는 기업을 그의 생명과 같이 생각하기 때문에 더욱 몰입한다. 이에 따라 민영기업의 기업가는 더욱 기업에 대한 책임감이 있다. 둘째로 중국 민영기업의 기업가는 감정을 중요시하여 기업 구성원의 속마음을 더욱 잘 이해하며 직원의 입장에서 직원이 처한 문제를 고려할 수 있다. 이에 따라 중국 민영기업가는 의리를 지키고자 하며 인간적인 매력을 보여준다. 다음에 살펴보는 셋째와 넷째 특징은 비단 중국 민영기업가만의 특징이 아니며 중국기업가가 보여주는 특징이라고 볼 수 있다. 셋째로 중국기업가는 더욱 유연하다. 중국기업가는 중국문화의 영향을 받아 유연하며 환경에 더

83) 중국 신랑(新浪)재경네트워크 2003년 12월 2일 보도자료, http://finance.sina.com.cn/roll/20031202/1650544190.shtml, 검색일: 2019년 7월 12일.

욱 잘 적응한다. 복잡다단하고 변화하는 환경 가운데 내일을 지향하고 임기응변에 능하고 동시에 많은 압박을 받게 된다. 넷째로 중국기업가는 네트워크 또는 관계(關係, 꽌시)를 잘 활용하며 이를 중요하게 여긴다. 중국기업가는 인간관계를 통해 사회적 관계네트워크와 비즈니스네트워크를 구축한다. 이와 같은 네트워크를 통해 기업의 생존능력과 리스크를 극복할 수 있는 능력을 제고하며 사회적 관계 역시 더욱 좋아지며 사회에서 필요한 정보자원을 더 많이 획득하게 된다.[84)]

중국기업가가 보여주는 위와 같은 특성은 동남아화교기업 기업가들이 보여주는 특성과 매우 유사한 측면이 존재한다. 중국인은 관계를 중요하게 여기고 장기적인 관계성을 고려한 인간적 정서(人情)를 중시한다. 중국인은 수천년 동안 유가사상의 영향을 받아 가족기업을 설립하고 전통적 권위를 존중하며 사업이 어느 정도 규모에 이르면 변화보다 안정을 투구하는 특징을 보여준다. 체면(面子)을 중요하게 여기고 기쁜 소식을 알리고 슬픈 소식을 알리지 않는 특성도 가지고 있다. 이에 따라 형식을 중요하게 생각하고 사치스럽거나 큰 스케일로 보여주고자 하는 부정적인 측면도 존재한다. 중국인은 정확하고 근본적인 원인을 파악하기보다 유연하지만 원칙을 중요하게 여기지 않는 측면을 가지고 있다.[85)]

중국 민영기업을 포함한 중국기업의 경영을 이해하기 위해 중국기업조직을 둘러 싼 경영관리와 리더십을 살펴보도록 하겠다. 중국기업

84) 田千里,『老板論』, 北京: 經濟科學出版社, 2000.

85) 雲冠平 외,『東南亞華人企業經營管理硏究』, 北京: 經濟管理出版社, 2000.

을 운영할 때 만약 경영과 관리만을 중요하게 여기며[86] 리더의 역할인 리더십을 중요하게 여기지 않는다면 이러한 기업조직은 인간적이지 않고 조직이 추구하는 목표를 실현하기 어려울 뿐만 아니라 기업경영 및 조직운영의 성과에도 영향을 주게 될 것이다.[87]

경영과 관리가 중요하지만 지나치게 관리를 강조한다면 엄밀한 제도는 사람들의 손과 발을 묶어버리고 조직구성원이 잠재력을 발휘할 수 없도록 하게 될 것이다. 그 예로서 중국 국유기업의 문제는 지켜야 할 제도가 너무 많으며 경직화되어 조직구성원에 대한 속박이 커지게 되는 것이다. 경영과 관리만 있고 리더십이 존재하지 않는다면 이러한 조직관리는 리더십이 없고 유연성이 존재하지 않게 된다. 다만 유연성에도 적절한 정도가 있어 그 수준을 잘 파악하고 지키는 것이 중요하다. 이러한 측면에서 중국기업조직을 운영하는데 가장 중요한 측면 중 하나는 조화와 균형을 살리는 것이다. 이 책의 3장 6절에서 다룰 중국 현지기업의 경영 중 현지화를 설명하기 위해 같이 살펴보겠지만 중국 전통사상 중 도가사상, 유가사상 및 법가사상 등을 한번 이해해 보는 것이 큰 도움이 될 것으로 생각한다.

중국 민영기업의 경영을 살펴보기 위해 중국기업조직의 리더가 구사하는 리더십에 대해 조금 더 구체적으로 알아보기로 하겠다.

미국 중심으로 발전이 이루어진 경영학 이론에서 리더십이라는 용

86) 중국에서는 경영(Business Administration)과 관리(Management)를 구분하지 않고 일반적으로 '管理(관리)'라고 하며 이 '관리'는 경영과 관리를 모두 포함하는 의미로 이해해야 함.

87) 曾仕強,『中國式領導: 以人爲本的管理藝術』, 北京: 北京大學出版社, 2006.

어는 약 200여 년 전부터 사용되기 시작하였다. 이에 따라 세계 각국에서 많은 학자들은 리더십에 대한 연구를 진행하였다.[88] 초기에 미국과 유럽에서 조직행위론을 연구하던 연구자들은 리더가 가진 특성을 살펴보고 이를 통해 리더십을 연구하고자 하였다. 그 이후에 학자들은 리더(leader)와 추종자(follower) 간의 관계를 통해 기업조직 리더가 구사하는 리더십을 연구하였다. 1960년대 이후에 이르러서 리더십 분야 연구자들은 리더가 주어진 상황을 고려하여 이러한 상황에 적합한 리더십을 사용하게 된다는 점을 인식하고 상황이론(contingency leadership)이라고 불리우는 이론체계를 개발하였다.[89][90] 또한 1980년대 이후부터 경영학과 리더십 분야 연구자들은 기업조직을 연구하면서 변혁이 가진 의미를 인식하여 카리스마적 리더십 이론과 변혁적 리더십 이론 등 이론체계를 개발하였다.[91][92][93]

1985년 이후부터 중국 대륙과 타이완에서 경영학자들은 리더십이

88) 이상윤, “중국기업의 리더십과 조직문화간의 관계에 대한 실증연구”, 『경영연구』, 제29권 제3호, 2014.

89) Hersey, P. et al., 『Management of organizational behavior: Leading huaman resources』, New Jersey: Prentice Education, Inc., 2008.

90) Cameron, S. C. et al., 『Competing values leadership: Creating value in organizations』, Cheltenham, UK: Edward Elgar Publishing, 2006.

91) Bass, B. M. et al., “The transformational and transactional leadership of men and women”,『Applied Psychology: An International Review』, Vol. 45., 1996.

92) Bass, B. M, “Two Decades of Research and Development in Transformational Leadership”,『European Journal of Work and Organizational Psychology』, Vol.8 , No.1, 1999.

93) Afsaneh, N., 『The Art and Science of Leaderships』, New Jersey: Pearson Education Inc., 2012.

론에 중국적 특색을 반영하여 '중국화(中國化)'된 리더십 연구를 진행하였다. 중국과 타이완에서 링원취안(淩文輇) 등[94)95)]과 정보쉰(鄭伯壎) 등[96)]은 각각 CPM 이론과 가부장적 리더십(Paternalistic Leadership) 이론체계를 개발하였다. 리더십분야에서 중국화 연구를 진행한 링원취안 등은 일본 학자인 미스미쥬우지(三隅二不二)가 개발한 PM이론체계에 기초하여 P(performance: 조직의 목표달성), M(maintenance: 조직의 응집력)과 C(Character and moral) 등 요인을 포함하여 CPM이론을 정립했다. 이와 다소 상이하게 중국화 연구를 진행한 두 번째 모델은 정보쉰 등(樊景立, 鄭伯壎)이 개발한 가부장적 리더십 이론이다. 이러한 가부장적 리더십 이론은 부하에 대한 통제와 리더의 권위 등을 반영하는 권위적 리더십, 리더가 인자한 태도로서 부하 및 구성원을 대하고 부하와 구성원은 이러한 리더의 배려를 이해하고 화답하는 인자형 리더십, 사람에 의한 통제인 인치(人治)가 이루어지는 중국적 상황에서 리더의 도덕성을 중시하는 도덕적 리더십 등 3개 리더십 요인을 통해 리더십을 정의한 것이었다.

리더십을 이루는 핵심적인 요인은 사람과 사람 간의 관계, 변화를 이루어내고 추구하는 성과, 그리고 리더의 특징이라고 볼 수 있을 것

94) 淩文輇 외, "CPM 領導行爲評價量表的建構", 『心理學報』, 第19卷 第2期, 1987.

95) 李明 외, "CPM 領導行爲模式對和諧組織的影響作用研究", 『暨南學報(哲學社會科學版)』, 總第157期, 2012.

96) Cheng, B. S. et al., "Paternalistic leadership and subordinate responses: Establishing a leadership model in Chinese organizations", 『Asian Journal of Social Psychology』, Vol. 7, No. 1, 2004.

이다.[97] 사람들은 강력하고도 민주적인 리더십을 선호하면서도 강하고 또한 포용적인 리더십을 원하는 상호 모순적인 리더를 원하며 이러한 리더십을 추구한다. 이러한 측면에서 리더는 '적불균형(適不均衡)'을 추구한다고 볼 수 있으며 리더십은 이러한 '적불균형'을 성취하는 것이라고 볼 수 있다.[98] 이런 측면에서 리더십은 리더가 추종자에게 영향을 미치는 가운데에 다양하고 상호 이율배반적인 가치 가운데에 균형을 추구하는 과정이다.

중국 민영기업을 포함한 중국기업조직을 효과적으로 운영하기 위해서는 가부장적 리더십을 이루는 권위적 리더십, 인자형 리더십과 도덕적 리더십이 균형을 이루어야 한다. 리더로서 서로 상이하고 이율배반적인 리더십 가운데 조화와 균형을 이루는 것이 유연함과 부드러움 가운데 원칙을 지키게 하는 중국기업조직을 운영하기 위해 매우 중요하다고 생각된다.

아래에서는 중국 민영기업의 경영방식을 알아보기 위해 민영기업 중 대표적인 기업인 다리엔완다그룹(大連萬達集團)의 경영을 살펴보겠다.

다리엔완다그룹(大連萬達集團)의 대표이사 왕지엔린(王健林)은 중국정치협상회의 상무위원회에 소속되어 있기도 하다. 그는 중국 전국공상연합회 업무 세미나에서 '민영경제와 민영기업의 발전'이라는 주제로 강연을 하였다. 그는 다리엔완다그룹이 50만 위앤의 등록자본금으로 시작하여 23년의 발전과정을 거쳐 매출액 규모 1000억 위앤에 이

97) 최은수 외, 『뉴리더십와이드』, 서울: 학지사, 2013.

98) Burns, M, James 저, 한국리더십 연구회 역, 『리더십 강의』, 미래인력연구센터, 2000.

르는 성공을 거두었는데 그 비결은 다음과 같다고 밝혔다. 첫째로 혁신모델로 기회를 선점하는 것이라고 밝혔다. 이에 대하여 그는 지역을 망라하여 개발지역이 가장 많은 개발회사가 되었지만 현재는 중국문화분야에 투자가 가장 많은 회사로 되었다는 것이다. 둘째로 성실과 신용으로 경영하고 착실하게 발전하는 것이라고 하였다. 그에 따르면 완다는 '성실 신용문화(誠信文化)'를 정립하고 성실 신용제도를 수립하여 소비자에 대해 책임을 진다는 것이다. 셋째로 위험을 억제하고 안정적으로 발전한다는 것이다. 완다는 쇼핑몰, 5성급호텔, 영화관, 백화점에 이어 6성급호텔을 개업하였는데 이러한 다양한 사업에서 생기는 위험을 어떻게 통제할 것인가? 이에 대해 왕지엔린은 완다그룹에서는 현금 흐름을 생명줄로 여긴다면서 현금 흐름이 채무비율

〈그림 3.3.1-1〉 중국전역에서 볼 수 있는 완다(萬達)광장의 광고
자료: 저자 직접 촬영

보다 더욱 중요하다는 의견을 제시하였다. 넷째로 책임을 이행하고 더 좋은 발전을 추구한다는 것이다. 이에 대해 왕지엔린 대표이사는 기업의 사회적 책임을 다하고 법률을 준수하며 직원에 대한 관심을 가지고 친환경적인 경영을 하는 것이라고 하였다.[99]

가족기업으로 시작한 다리엔완다그룹은 기업이 성장하여 중국을 대표하는 민영기업이 되었지만 민영기업이 직면하는 승계문제에 맞부딪치게 되었다. 이에 대해 왕지엔린은 그의 아들인 "왕스총(王思聰)이 기업경영을 원하지 않는다"며 전문경영인이 기업을 경영하도록 할 계획이 있음을 밝힌 바 있다.[100]

〈그림 3.3.1-2〉 중국 동관(東莞) 시 소재 완다(萬達)백화점 전경
자료: 저자 직접 촬영

99) 다리엔완다그룹(大連萬達集團) 다리엔완다상업관리그룹주식회사(大連万達商業管理集團股份有限公司) 홈페이지 자료, http://www.wandaplazas.com/2011/company_0602/333.html, 검색일: 2019년 7월 13일.

100) 펑황(鳳凰)네트워트 2016년 12월 11일 보도자료, http://finance.ifeng.com/a/20161211/15069131_0.shtml, 검색일: 2019년 7월 13일.

또한 다리엔완다그룹은 경영전략의 측면에서 사업전환(轉型)을 진행하였는데 가장 중요한 부분은 기존의 아파트 등 주택중심의 개발에서 상업중심지(central business district)로의 전환, 다시 문화산업으로의 전환 등을 포함하는 것이었다 또한 기업채무비율을 안전한 수준까지 낮추는 등 보수적이고 전면적인 사업구조조정을 실시하였다.[101)102)]

이와 같이 다리엔완다그룹은 단순히 규모 면에서 다른 민영기업의 모범이 될 뿐 아니라 사업전환과 구조조정 측면에서도 본보기가 되고 있다.

〈그림 3.3.1–3〉 중국 지난(濟南) 시 소재 완다(萬達)광장과 영화관
자료: 저자 직접 촬영

101) 즈후(知乎)네트워크 2019년 1월 13일 보도자료, https://zhuanlan.zhihu.com/p/54779328, 검색일: 2019년 7월 13일.

102) 서우후(搜狐)네트워크 2018년 11월 21일 보도자료, http://www.sohu.com/a/276819784_569716, 검색일: 2019년 7월 13일.

〈그림 3.3.1–4〉 중국 하이안시(海安市) 완다(萬達)그룹의 개발 프로젝트 홍보관
자료: 저자 직접 촬영

3.2 중국 민영기업경영 사례연구

1) 화웨이 사례(기업문화 사례)[103)]

화웨이(華爲)는 창업자 런정페이(任正非)가 1988년 설립한[104)] 민영기업[105)] 으로서, 현재 화웨이의 사업부는 통신네트워크용 장비 제조, 기업용 통신 솔루션, 스마트폰 제조 등 3가지 분야로 구성되어 있다.

---

103) 화웨이는 선전(深圳)에 본사를 두고 있었으나 2018년 8월부터 과도한 부동산 가격과 주변 토지 소유주 간의 분쟁 때문에 부동산 가격이 훨씬 저렴한 동관(東莞)으로의 이전을 고려한 것으로 알려져 있다.

104) 원래는 향진기업으로 시작되어 민영기업으로 전환된 것으로 알려져 있음.

105) 김용준 외, 『중국일등기업의 4가지 비밀』, 서울: 삼성경제연구소, 2013.

화웨이가 급속한 성장을 이루며 IT업계의 경쟁자 뿐 아니라 미국정부를 긴장하게 한 것은 창업자 런정페이의 독특한 리더십과 화웨이 특유의 기업문화와 불가분한 관계가 있다. 런정페이는 총칭대학 토목공학과을 졸업한 엔지니어 출신으로 인민해방군 총참모부에서 다년간 근무한 경험을 가지고 있으며 장기적인 안목을 가지고 기업운영을 하고 있다.

처음 화웨이를 창업할 때의 화웨이를 이해하기 실리콘벨리 기업문화와 비교되는 '매트리스문화(床垫文化)'를 들어볼 수 있다. 이 시기에 화웨이의 연구개발팀에는 5-6명의 연구개발인원이 밤낮을 가리지 않고 연구, 개발하고 검증하며 개발된 방안을 테스트하는 가운데 귀가를 하지 못하고 침대 매트리스에서 휴식을 취하는 것이 다반사였다. 이는 창의성과 다양성이 존중되는 실리콘벨리문화와 대비되는 화웨이의 특징을 보여준다.

〈3.3.2-1〉 중국 동관시 소재 화웨이 사옥 전경
자료: 저자 직접 촬영

화웨이의 기업문화를 대변하는 또 다른 측면은 '늑대문화(狼性文化, wolf spirit 또는 wolf culture)'이다. 이는 여러 가지 측면에서 보여지는데 시장에서 이루어지는 경쟁에서 월등히 저렴한 가격으로 상대를 쓰러뜨리는 전략을 사용하는 것, 두 번째로 내부 기업 경영관리에서는 항상 위기를 생각하면서 기술혁신을 1위로 두는 것이다. 이러한 늑대문화는 군대조직에서 장기간 근무한 런정페이가 군사적인 사고를 가지고 기업을 경영하면서 화웨이를 경영하면서 창조한 문화라고 할 수 있다. 강인함이 지나치고 유연함이 부족할 수 있다는 기업경영의 측면에서는 단점, 그리고 조직 구성원에서 주는 스트레스가 지나칠 수 있다는 단점을 보여줄 수 있을 것이다. 이와 함께 시장에서의 치열한 경쟁에서 승리하기 위해 가격경쟁을 벌임으로써 지나치게 잔혹한 측면을 보여주고 기업의 많은 자원이 소모되는 단점이 존재할 수 있다.[106)]

또한 화웨이를 이해하기 위해 중요한 것으로서 런정페이의 기업가 정신을 들 수 있다. 런정페이는 항상 위기의식을 강조한다. 1996년의 집단적인 사임(集体大辭職), 2000년의 내부 대규모 창업(內部大創業), 기업창립 20주년 〈젊은 세대의 기회를 위한 장기근속자의 배려〉(老員工大讓位), 그리고 2010년 분투하는 자가 하나 되는 운동(奮斗者大排隊) 등 지속적으로 위기의식을 부각하기 위해 노력한 런정페이는 "지난 10년간 매일 생각한 것은 실패이고 어떠한 명예로움도 없으며 오직 가득한 위기감만이 있을 뿐이라고 하였다. 화웨이가 오늘까지 생존할 수 있으나 언젠가 실패할 날이 올 것이며, 이는 나의 흔들리지 않는

106) 張漫漫, "華爲企業文化解析", 『商場現代化』, 2017年 第5期, 2017.

견해이다"라고 한 바 있다. 둘째로 런정페이는 조심스럽고 신중하게 행동하는 모습을 보여주고 있다. 그는 매우 적은 대외적인 활동을 하고 있으며 대외적인 인터뷰에 잘 응하지 않고 있다. 하지만 그는 대내적으로 종종 기업문화에 대한 강연을 하면서 "자원은 고갈되기 마련이지만 오직 문화만은 항상 살아있을 수 있다"라는 의견을 보여주었다.

화웨이는 원대한 목표와 실사구시(求實)의 자세로서 업무를 추진하고 있다.[107] 그 중 원대한 목표는 첫째로 고객의 꿈을 실현하여 세계적인 기업이 되며, 둘째로 개방적인 협력의 기초 하에 독자적이고 창조적으로 세계수준의 핵심기술과 제품을 개발하며, 산업을 통해 국가에 보답하고 중화민족의 통신제조업을 진흥하는 것을 화웨이의 소임으로 생각한다는 것이다.

화웨이 내부의 규정인 '화웨이 기본법'에 따르면 "화웨이는 세계일류의 설비공급자가 되기 위해 영원히 통신서비스업에 진입하지 않을 것이다. 의존하지 않고 시장의 신호를 전달하도록 하여 화웨이를 영원히 움직이는 상태(激活狀態)에 둘 수 있도록 한다"는 것이다. 비유적으로 표현하면 화웨이는 화려해 보이는 빨간 댄싱슈즈(紅舞鞋, 즉 통신서비스업)를 신지 않는다는 것이다. 화려해보이지만 한번 신으면 벗을 수 없다는 것이다.[108]

화웨이는 지속적으로 중국전역의 우수한 인재들을 모으고 있다. 그

---

107) 周文碘, "企業文化與企業發展 —華爲企業文化的精神", 『重慶大學學報(社會科學版)』, 2002年 第8卷 第6期, 2002.

108) 周晶, "淺析華爲企業文化以及存在的問題", 『現代企業文化』, 2008年 第36期, 2008.

가운데에 인재를 중요시여기는 화웨이의 인사제도가 있다. 첫째로 외부인재시장의 경쟁기준에 따라 기업의 보상(compensation, 分配)제도를 운영하고 있다. 둘째로 기업내부에 공평한 경쟁시스템을 도입하여 균등한 기회를 제공하고 보상 측면에서는 충분한 차이를 두게 한다. 공동의 가치관을 정립하여 구성원이 기업의 가치평가기준(价值評价標准)을 받아들일 수 있게 한다. 네 번째로는 기업의 실적과 구성원의 공헌도를 보상과 분배의 합리성을 결정하는 최종적인 기준으로 하는 것이다. 이처럼 화웨이의 기업문화는 평등과 효율성 간의 균형을 이루고자 하며 공헌도에 근거하여 모범이 되는 구성원에게 더 많은 혜택을 주고 장기근속직원과 신입직원을 포함한 모든 구성원이 그 공헌도에 따라 화웨이의 지분을 가질 수 있도록 하는 기업문화를 수립하고 있다.

2) 광동부부가오전자그룹 vivo, OPPO 사례(사업전환 사례)

중국내 유명한 VCD플레이어 제조업체로 명성을 날렸던 '부부가오(步步高電子, 廣東步步高電子工業有限公司, BBK)'의 창립자인 두안용핑(段永平)은 저장대학(浙江大學) 무선전파학과를 졸업한 후 부부가오그룹 대표이사를 역임하였고 현재는 퇴임한 후 미국에서 거주 중이다.[109)]

한때 중국 내 대표적인 VCD와 DVD 메이커로 명성이 있던 부부가오는 2011년 3월 1일 기업 홈페이지를 통해 점진적으로 생활가전분야

109) "步步高, OPPO, vivo到底是什麼關系?", 중국 신랑(新浪)재경네트워크 2016년 12월 10일 보도자료, https://cj.sina.com.cn/article/detail/5838680268/122034?from=hq, 검색일: 2019년 7월 5일

에서 사업을 철수할 것이라고 밝혔다.[110] 한 시대를 대표하던 DVD 플레이어의 대표주자 부부가오에는 어떤 일이 있었고 그는 어떻게 사업 전환을 한 것일까?

두안용핑과 관련된 인물로서 천밍용은 저장대학 정보 및 전자공학과를 졸업하여 두안용핑에게는 대학후배가 되며 OPPO의 창업자이고 현재 OPPO의 CEO 직무를 맡고 있다. 두안용핑과 관련된 또 하나의 인물은 션웨이(沈煒)로서 1999년 초 부부가오(步步高)는 소유권과 인사권에서 모두 서로 독립적인 3개의 회사로 분리되었다. 이들 3개 회사는 서로 지분을 가지고 있지 않지만 두안용핑, 션웨이 및 황이어(黃一禾) 등 투자자가 3개 회사의 지분을 가지고 있었으며 개인지분을 통한

〈3.3.2-2〉 중국 광동부부가오전자그룹 소재지 동관시 창안진(長安鎮) 톨게이트 사진
자료: 저자 직접 촬영

110) 陳清, "跨界先鋒段永平兵敗生活電器 步步高瞞天過海引市場擔憂", 『IT時代周刊』, 2011年 第6期, 2011.

연계성을 가지고 있었다. 특히 두안용핑은 3개 회사의 지분을 모두 약 10%씩 보유하고 있었던 것으로 알려져 있다.

부부가오가 3개 회사로 분리될 때 션웨이는 통신부문을 담당하고 있었으며 3사 분할 당시 무선전화기와 부부가오 핸드폰사업을 책임졌으며 vivo를 창립하였고 현재 vivo의 총재와 CEO를 겸직하고 있다. 또한 황이허는 교육전자부문을 맡아 스마트 리더기(dot reading machine, 點讀機)와 스마트 학습기(學習機)사업을 관장하였고, 앞에서 언급한 천밍용은 시청각부문을 담당하여 VCD, DVD 및 MP3 사업을 경영하였다. 일정 기간 동안 이들 3개 회사는 부부가오의 브랜드와 기존에 부부가오가 가지고 있었던 마케팅 경로의 80%를 이용하였다.

이미 퇴임한 황이허가 책임지고 있던 '부부가오교육전자유한회사(步步高教育電子有限公司)'는 부부가오전자가 100% 지분을 가지고 있는

〈3.3.2-3〉 중국 광동부부가오전자그룹 OPPO사옥 전경
자료: 저자 직접 촬영

자회사이다. 이 사업부문은 스마트 학습기, 스마트 리더기, 전자사전 등 학습분야 기기를 포함하고 있다.

원래 천용밍은 VCD 및 DVD사업을 이끌고 있었는데 당시 소니, 필립스, 파나소닉 등 기업이 중국 내 대표적인 기업이었던 부부가오에게 특허료 지불을 요구하면서, 천용밍은 OPPO브랜드와 스마트폰 사업에 모든 역량을 집중하기로 결심하게 된다. 이 시기에 부부가오는 DVD제품을 포함한 3~4억 위앤 규모에 이르는 생활전기제품사업에서 철수하고 핸드폰사업과 지속적으로 성장하는 교육전자기기사업에 집중하고자 하였다.

그 후 천용밍은 두안용핑이 가지고 있던 OPPO 브랜드 소유권을 매입하고 독자적인 발전을 추구하게 되었다. 2003년 동관셩밍전자유한회사(東莞盛銘電子有限公司)를 설립한 후 2007년 에 동관어우포통신

〈3.3.2-4〉 중국 부부가오전자그룹 vivo 광고판
자료: 저자 직접 촬영

유한회사(東莞歐珀移動通信有限公司)로 회사명칭을 변경하였으며 2010년 이후 천용밍이 이끄는 OPPO는 사업전환을 통하여 스마트폰 시장에 집중하고 있다.

〈그림 3.3.2-5〉 중국 광저우공항 내 OPPO 광고판[111]
자료: 저자 직접 촬영

111) 중국 신화(新華)네트워크 2017년 2월 17일 보도자료, http://www.xinhuanet.com/city/2017-02/17/c_1120482447.htm, 검색일: 2019년 7월 5일

션웨이(沈煒)는 부부가오가 3사로 분할될 때 역시 부부가오전자가 100% 지분을 보유하고 있는 '부부가오통신설비유한회사(步步高通信設備有限公司)' 경영을 책임졌고 2010년에 vivo이동통신유한회사(維沃移動通信有限公司)를 설립하였으며 현재 vivo의 주요제품은 vivo스마트폰과 음악기능이 강화된 BBK핸드폰, 디지털무선전화 등이 있다.[112)]

중국 동관시는 실용적이고 진취적인 분위기를 보여주고 있다. 최근 화웨이가 션전시에서 동관시로 이전하였고 부부가오 산하의 OPPO와 vivo가 스마트폰시장에서 두각을 나타내면서 동관시와 동관시 산하 창안진은 부부가오의 발전을 주목하고 있는 상황이다.

---

112) 周德明 외, "國產智能手機的核心競爭力初探 － 以 OPPO 和 VIVO 爲例", 『現代管理科學』, 2017年 第9期, 2017.

4. 중국 외자기업의 경영

4.1 중국 외자기업 경영

중국 최초의 외자기업을 살펴보기 위해 중국자동차산업 발전역사를 살펴보아야 한다. 베이징자동차공업연합회사(北京汽車工業聯合公司)의 전신인 베이징자동차제조공장(北京汽車制造廠)은 1964년 중국 인민해방군의 수요에 따라 자체 설계 제작한 BJ212지프를 생산하고 있었다. 이후 1980년대에 들어오면서 이 모델이 노후화되면서 당시 기계공업부 부장 라오빈(饒斌)은 합자(合資)[113] 방식으로 신기술을 들여와 새로운 제품을 개발하도록 지시하게 된다. 이후 1978년 중국계 미국인인 양한화(楊漢華)가 기계공업부에 미국 AMC(American Motors Corporation)가 중국에서 지프를 합작방식으로 생산하겠다는 의지를 전달하였다. 1983년 베이징자동차(北汽)와 미국 AMC 간의 합자경영총회가 중국 베이징 인민대회당에서 열렸고 양측은 계약서에 서명했다.

양측이 서명한 계약서에 따라 베이징지프(北京吉普公司)는 원 모델인 BJ212를 계속 생산하면서 새로운 모델인 BJ213를 생산할 준비를 하였다. 이때 중국 측은 컨셉트카를 제시하고 미국의 기술과 BJ212를 결합하고 양측의 기술을 융합하고자 하였다.[114]

---

113) 양국 기업이 자본을 투자하여 협력하는 중국의 합작투자기업형태인 합작기업, 합자기업, 독자기업 중 한 방식임.

114) 왕이(網易)네트워크, 2013년 9월 24일 보도기사, http://auto.163.com/13/0924/07

하지만 미국 AMC가 원래 생산했던 지프모델은 BJ212와 너무도 상이했고 중국 측과 소통하고 협력하는 것은 당시 미국 측에게 너무나 어려운 일이었다. 또한 당시 중국은 원래 마오쩌동이 선호했던 야전지프모델을 고집했던 것으로 알려져 있다. 미국 측은 수년간 아무런 소득없이 시간을 보냈고 결국 중국 측이 지속적으로 주장하는 모델을 채택하지 않고 미국모델인 체로키(Cherokee)를 선택하게 되었다.

당시 미국 측은 연구개발에 투자하는 것보다는 미국본사의 부품을 수출하기를 원하였다. 당시에 체로키 1대의 부품을 수출하는 것은 자동차 1대를 수출하는 것과 같은 수준의 금액이었다.

1984년 10월 베이징지프는 긴급이사회[115]를 소집하였는데, 그 전후로 중국 측 이사들 간에 2세대 제품을 어떻게 개발할 것인지에 대한 격론이 벌여졌다. 중국 측은 여러 가지 원인 때문에 계약서에 반영된 원래의도를 포기하고 미국 체로키모델을 도입하고 중국 측의 요구사항을 반영하여 미국 측에서 부품을 수출하여 중국 측에서 조립하는 CKD(complete knock down)방식을 채택하기로 결정하였다.

이에 따라 미국 측은 CKD방식을 완성차수출과 거의 동일하게 보았으며 베이징지프를 위해 1,000대 분량의 체로키부품을 준비하여 수출항에서 운송할 채비를 하였다. 하지만 당시 중국은 외환거래를 통제하였고 베이징지프는 외화를 보유하고 있지도 정부가 승인하지 않은 상황 하에서 CKD부품비용을 지불할 수도 없었다.

/99H7T2IV00084TV0.html, 검색일: 2019년 7월 12일.

115) 중국 표현은 特别董事會로 되어 있음.

1985년 11월 AMC는 단독기자회견을 통해 자금투입, 기술이전, 인적자원교육을 모두 중지할 준비를 하고 있으며 미국 측 전문가에 대한 본사 철수조치를 할 것이라고 밝혔다. 이뿐만 아니라 중국이 투자를 하기에 적합하지 않다는 의견까지 밝혔다.

이에 서구에서는 중국의 첫 번째 합작투자기업이 매우 위급한 상황이며 중국투자에 매우 신중해야한다는 충고를 제시하기도 하였다. 이것이 바로 유명한 지프사태(吉普風波)였다.

그 후 양측은 미국 측이 희망하는 50,000대 분량의 CKD부품을 12,500대 분량으로 낮추고 향후 국산화를 위해 노력하기로 의견일치를 보게 되었다. 그 후 베이징지프는 물론 지프모델의 국산화를 이루어냈다.[116] 하지만 이러한 베이징지프의 경영을 둘러 싼 미국 측과 중국 측의 경영방식, 소통방식과 협력방식은 여전히 우리에게 많은 것을 시사해준다.

1997년 이마트는 중국에 진출하였다. 당시 이마트는 한국을 대표하는 유통업체로서 한국에서 성공한 모델과 노하우를 통해 중국에서 성공하여 1,000개 점포를 개설한다는 야심찬 목표를 세웠다. 하지만 중국에 대한 이해 부족, 중국전문가의 부족, 한국식 노하우 및 운영방식에 대한 집착, 중국 현지유통업체와의 네트워크 구축 실패 등의 요인으로 결국 20년 후 중국시장에서 철수하였다.

롯데마트 역시 2001년 중국시장에 진출하였다. 그 후 롯데마트를 포함한 롯데그룹은 마트, 백화점, 놀이공원 등 분야에서 의욕적으로

116) 펑황(鳳凰)네트워크, 2009년 9월 23일 보도자료, https://auto.ifeng.com/news/domesticindustry/20090923/112788.shtml, 검색일: 2019년 7월 12일.

중국사업을 시작했다. 하지만 이마트 등 경쟁업체와의 경쟁심, 충분한 준비가 부족한 현지진출, 초기 및 중반의 현지화 전략 부족, 한국 경영방식에 대한 집착, 현지 파트너와 협력 및 소통의 어려움 등으로

〈그림 3.4.1-1 홍콩 내 현대자동차 광고판〉
자료: 저자 직접 촬영

어려움을 겪게 되었다. 그 후 사드 사태로 인해 직접적인 영향을 받아 결국 중국점포를 모두 매각하고 철수하게 되었다.[117]

〈그림 3.4.1-2 중국 동관시 휴대폰상가 삼성전자 광고판〉
자료: 저자 직접 촬영

〈그림 3.4.1-3 중국 동관시 휴대폰상가 삼성전자 광고판〉
자료: 저자 직접 촬영

117) 우진훈, 『중국식경영』, 서울: 오래, 2018.

물론 대기업인 삼성전자가 중국 시안(西安)에 세운 삼성반도체, 현대자동차가 베이징에 세운 베이징현대자동차는 물론 많은 한국계 중국투자기업들이 중국사업에서 성공을 거두고 있고 더욱 큰 사업성과를 얻기 위해 노력하고 있다.

하지만 "중국은 시장이 크다" 또는 "중국인 한명이 하나씩만 사면 얼마나 큰 금액이고 얼마나 큰 돈을 벌 것인가"라는 안이한 생각은 매우 위험하다.

해외직접투자 형태로 투자가 이루어지는 중국 내 외자기업은 피투자기업의 경영에 직접적으로 참여할 목적으로 자본, 경영능력뿐 아니라 기술 및 상표 등 각종 생산요소를 유기적이고 통합적으로 해외 현지에 이전시키는 경영관리의 활동과 과정이다.[118)]

이와 같은 해외직접투자는 자본을 투자하는 것이 아니라, 생산설비 등 물적 자원과 각종 기술, 본사의 노하우, 축적된 경영관리방식 등 무형 자원까지도 이동하는 유기적이고 체계적이며 종합적인 투자로서 이루어져야 한다. 해외직접투자는 자본뿐 아닌 기업 전체 또는 기업 경영모델의 수출로서 본사에 국한된 기업이 국제화된 기업으로 전환하기 위한 필요조건으로 볼 수 있다. 마지막으로 해외직접투자는 투자대상국의 법규에 근거하여 경제적, 법률적으로 독립적인 해외자회사나 합작투자기업을 설립한다는 것으로서 본사의 통제와 관리 하에 놓인다고 하더라도 의사결정과 기업경영의 거점을 투자대상국으로 이전해야 함을 의미한다.

118) 김광수 외, 『국제경영』, 서울: 박영사, 2014.

〈그림 3.4.1-4 중국 스추안성(四川省) 청두시(成都市)의 외자기업투자 홍보물〉
자료: 저자 직접 촬영

이러한 해외직접투자의 중대성과 의미를 충분히 파악하고 정말로 충실하고 체계적인 준비를 해야 한다. 중국시장은 거대하고 성장잠재력도 크다. 그러나 이러한 성장잠재력과 시장의 크기만큼이나 국유기업, 외자기업과 민영기업이 각축을 벌이고 있고 경쟁이 치열하다. 그만큼 충분하고 침착한 사전준비가 필수적이다.

4.2 중국 외자기업경영 사례연구

1) 타이완 다룬파 사례(합작투자, 마케팅 사례)

2019년까지 불과 10년 전까지 외국계 유통기업이 독보적인 모습을 보였고 한때 유통산업을 외국계 유통기업이 장악할 가능성을 걱정하던 중국 유통시장에서 월마트, 테스코, 까르푸 등 외국계 유통기업들은 2015년 이후 수년간 많은 어려움에 직면한 모습을 보여주었다.[119]

119) 林建敏, “外資超市關店潮湧現 本土超市將發起反攻”, 『商場現代化』, 2012年

그러나 이러한 가운데 타이완계 대형마트인 다룬파(大潤發)는 1998년 상하이에 1호점을 개설한 이후 2019년까지 중국 내 29개 성(省)과 자치구에 408개의 점포를 개설하여 운영하고 있다.

다룬파는 1998년 중국에 진출한 대형마트로서 회원제 종합수퍼마켓체인사업을 하고 있다. 캉청투자(중국)유한회사(康成投資(中國)有限公司)는 '다룬파' 브랜드의 법적 사용권을 보유하고 있다. 상하이에 등록된 타이완자본과 중국자본이 투자한 합자기업이며 다룬파의 중국본사로 되어있다. 그 법정대표자는 황밍두안(黃明端)으로서 그는 중국인으로 알려져 있다. 중국 내 모든 다룬파 점포는 캉청투자(중국)유한회사에 의해 투자가 이루어진다.[120)]

〈그림 3.4.2-1〉 중국 전역에서 볼 수 있는 다룬파 매장 전경
자료: 저자 직접 촬영

第33期, 2012.

120) 다룬파 홈페이지, http://www.rt-mart.com.cn/company, 검색일: 2019년 7월 13일.

또한 2011년 가오신리테일(高鑫零售公司)이 설립되었으며, 가오신리테일이 현재 다룬파의 브랜드를 보유하고 관리하고 있고, 프랑스계 Auchan 그룹(歐尚集團), 중국 알리바바(阿里巴巴) 및 타이완 룬타이그룹(潤泰集團)이 각각 36.18%, 36.16%와 4.67%의 지분을 가지고 있는 것으로 나타났다.[121)]

타이완 룬타이그룹 총재인 인이앤리앙(尹衍樑)이 타이완 다룬파를 설립하였으며 현재는 프랑스계 Auchan 그룹(歐尚集團)과 합작투자형태로 기업을 경영하고 있는 상황이다.

다룬파가 성공을 거둔 이유에는 기업문화가 중요한 요인이 될 것이며 '근면함(勤)'과 '검소함(儉)'이 다룬파기업문화를 이루는 2가지 핵심적인 부분으로 알려져 있다. 다룬파 중국사업부를 창설한 황밍두안은 솔선수범을 실천하고 있다. 다룬파가 개설한 모든 점포는 황밍두안이 개장 전에 모두 가본 적이 있는 곳이며 점포방문이 그의 일상업무 중 대부분의 시간을 차지한다.[122)]

알리바바와 협력관계를 구축하고 전자상거래 플랫폼인 페이니우네트워크(飛牛網)을 설립한 이후 황밍두안은 인터넷쇼핑의 모든 디테일한 부분을 경험해 보고 있으며 모든 고객의 피드백을 유심히 살펴보고 있다.

2012년경부터 중국 유통시장에서 대형마트 위주의 단일화된 비즈니스모델로는 더 이상 수익을 낼 수 없는 상황이 발생하고 있다. 다룬파는

---

121) 중국 위키백과 사이트 자료, https://zh.wikipedia.org/wiki/%E5%A4%A7%E6%BD%A4%E7%99%BC, 검색일: 2019년 7월 13일.

122) "大潤發成功背後: 零售企業需懂得勤儉與舍得", 중국 링셔우네트워크(零售網), http://www.youyuanw.com/article-5225-1.html, 검색일: 2019년 7월 13일.

전자상거래 비즈니스모델을 도입하여 일선도시(一線城市)의 경쟁에서 승리하고 교묘하게 유통경로를 선택하여 주택지역으로 침투하게 하는 방식을 채택하고 있다. 대도시에서는 주택가 점포와 페이니우네트워크를 결합하여 사용하고 상하이(上海), 지앙수(江蘇), 저지앙(浙江) 및 안훼이(安徽)성 등 점포가 밀집된 지역에서는 주택가로의 발전을 추구하여 지명도를 더욱 높이고 '점(點)'으로서 '면(面)'을 대신하여 신속히 시장을 점유하고자 하여 중국전역을 커버하는 네트워크를 구축하고자 한다.[123)]

이와 같이 중국특색과 상황을 잘 이해하고 여기에 맞는 중국투자, 중국진출준비, 또한 마케팅전략 수립을 위해서는 중국시장에 대한 학습도 중요하겠으며 실력 있고 수준 있는 중국파트너를 찾는 것이 매우 중요하다고 생각된다.

2) 베이징현대자동차 사례(합작투자기업 사례)

2014년 10월 중국국무원은 '자동차산업정책(汽車産業發展政策)'을 발표하였고, 중국에 진출하는 모든 외국계 자동차완성차제작업체는 이 정책을 준수하여 중국 자동차기업과 합작투자기업, 즉 합자기업을 설립하여야 하며 이때 외국계 파트너는 최대 50%의 지분비율을 초과할 수 없도록 되어있다.[124)125)]

123) 竇仁偉, "電商時代大潤發超市020發展新模式探析", 『宿州學院學報』, 第31卷 第5期, 2016.

124) 중국경제네트워크(中國經濟網, 2014년 10월 13일 보도자료, http://auto.ce.cn/zt/2014/HZ30/erlid/201410/13/t20141013_3690519.shtml, 검색일: 2019년 7월 12일

125) 중국 Autohome 사이트, 2019년 4월 5일 보도자료, https://www.autohome.com.cn/news/201904/932717.html, 검색일: 2019년 7월 12일.

〈그림 3.4.2–2〉 중국 베이징시 베이징현대자동차 전경
자료: 저자 직접 촬영

현대자동차가 베이징자동차와 베이징현대자동차(北京現代汽車有限公司, Beijing-Xiandai Auto)를 설립할 시기인 2002년에는 단독투자기업, 즉 독자기업이 아닌 베이징자동차와의 합작투자 방식, 즉 양측의 지분이 각각 50%인 방식으로 협력을 진행하여 베이징현대자동차를 설립하였다. 합작투자기업의 중국 측 파트너인 베이징기차는 양측의 협력을 위해 '베이징자동차투자유한회사(北京汽車投資有限公司)를 설립하였다. 한중 양측의 지분이 같기 때문에 베이징자동차와 현재자동차는 같은 수의 주재원을 파견하였을 뿐 아니라, 한중 양측이 각 직무와 직책을 분배하기 위해 합작투자기업 출범 시에는 대표이사는 베이징자동차 측이 맡고 CEO는 현대자동차 측이 맡기로 하였다. 특히 현재까

지 각 부서에서는 정(正)부장과 부(副)부장 등 부서책임자를 양측이 서로 나누어 맡고 있다. 기획, 재무, 구매, 영업, 기술 및 품질관리 부서의 부서장은 현대자동차에서 맡고, 총무, 생산, 인사관리 및 대관업무 등 부서의 부서장은 베이징자동차에서 맡고 있다. 베이징현대자동차의 주요의사결정 사안은 본부장들, CEO(總經理)와 부CEO들이 출석하는

〈그림 3.4.2-3〉 중국 광저우시 베이징현대자동차 광고판
자료: 저자 직접 촬영

'경영관리위원회'에서 토론을 통해 전원 의견일치를 보는 방식을 채택하고 있다.[126)]

이와 같은 방식이 느리지만 의사결정에서 큰 실수와 전략적 판단착오를 막을 수 있다는 측면에서 좋은 제도라고 생각한다. 또한 현대자동차 역시 우수한 품질관리 및 기술력을 보여주는 등 중국진출을 위한 충분한 준비가 있었다고 판단된다.

이 사례에서 반드시 기억해야 할 것 중 하나는 협력 파트너 선정의 문제이다. 이는 합작투자기업 시작 전 또는 중국사업 추진 전에 반드시 고려해야 한다. 첫째 파트너 간 능력 및 자원의 호환성을 고려해야 한다. 둘째 제품과 서비스의 특성을 고려해야 한다. 세 번째로 협력에서 오는 상대적인 안전성이 중요하다. 네 번째로는 협력에서 오는 학습의 잠재적 기회이다.

또 다른 측면으로 제13기 중국 전국인민대표대회에서 '중화인민공화국외상투자법(中華人民共和國外商投資法)'이 통과됨에 따라 현재까지 시행되고 있는 외국계기업의 투자한도가 폐지될 예정이다. 만약 자동차완성차산업에서 외국계기업의 투자한도가 폐지되면 이론적으로는 제너럴모터스(GM), 혼다, 도요타, 폭스바겐 등 적지 않은 외국계자동차 회사들이 독자기업으로 전환할 수 있고 독자기업 설립 역시 늘어날 것으로 보인다. 현재 중국 자동차부품산업에서는 이러한 외국계기업의 투자한도가 존재하지 않는 등 산업별로 다른 정책이 실시되고 있다.

126) 오중산 외, "베이징현대자동차의 글로벌경영: 생산 및 구매 기능을 중심으로", 『산업노동연구』, 제18권 제20호, 2012.

〈그림 3.4.2-4〉 중국 내 제너럴모터스(GM) 홍보광고판
자료: 저자 직접 촬영

5. 중국기업의 현황

먼저 중국기업의 현주소를 알기위해 중국기업의 국제화 현황을 살펴보고자 한다. 중국기업의 국제화는 내적 국제화와 외적 국제화로 구분하여 볼 수 있다. 내적 국제화는 수입, 특허기술의 구입, 프랜차이징, 중국 내 합작기업 또는 합자기업 설립 등을 포함한다. 이에 비해 외적 국제화는 제품 및 서비스의 수출, 기술이전과 해외현지생산 등을 포함한다. 중국기업은 후발주자로서 내적 국제화 이후 어느 정도 기술에 대한 학습과 소화를 진행한 이후에 외적 국제화를 진행하게 된다. 개혁개방 이전까지 중국은 외국의 설비와 기술을 도입하고 주로 차관형태로 자금을 도입하는 내적 국제화에서, 이러한 자원들을 이용하여 수출 등 외적 국제화를 이루게 되었다. 개혁개방이 심화되고 중국이 WTO에 가입하면서 내적 국제화는 더욱 큰 성장을 이룰 수 있게 되었고 연구개발 분야의 국제적 협력, 국제적 전략적 제휴, 소유권 다각화, 기술의 국제화 등을 통해 외적 국제화를 실현하게 되었다. 중국의 WTO 가입 이후 미국 및 유럽 등 중국의 주요수출 대상국들은 대중국 무역에 대한 각종 제한조치를 하게 하고 중국은 이러한 무역 제한조치를 극복하는 수단으로 '국제화(走出去)' 전략을 선택하게 되었다.[127]

중국기업의 국제화 과정 중에 중국기업이 국제경영을 하는 어려움

127) 樊增強, "中國企業國際化晌影響因素及其戰略選擇", 『國際經貿探索』, 第21卷 第6期, 2005.

과 비용은 선진국에 비해 상당히 크다고 볼 수 있다. 그러나 IT기술과 전자상거래 기술이 발전하면서 중국기업 역시 국제경영 과정 중 비용을 절감하고 있으며 이러한 측면에서는 중국기업과 외국기업이 모두 같은 수준의 비용에서 경쟁하고 있다고 볼 수 있다.

중국의 해외직접투자는 3단계의 발전단계를 거쳐 왔다. 1991년 이전까지는 해외직접투자규모가 매우 작고 피동적이고 완만한 성장세를 보이고 있었으며 1991년까지 10억 달러수준에 이르는 미미한 규모를 보여주었다. 1991년부터 2002년까지는 개혁개방정책과 사회주의시장경제체제가 제시되면서 중국의 해외직접투자 규모가 증대되고 1998년 동아시아외환위기의 영향을 받아 잠시 하락세를 보였으나 전체적으로는 상승세를 보여주었다. 2002년 중국이 WTO에 가입한 이후 시기는 3단계로 볼 수 있으며, 그 이후 중국의 해외직접투자금액은 지속적으로 증대되었다.[128)]

현재 중국의 해외직접투자는 그린필드(Green field Investment, 綠地投資) 방식과 국제간 인수합병이 주된 방식이 되고 있고, 중국정부가 제창하는 일대일로(一帶一路) 정책에 따라 중국기업의 국제화에도 발전기회를 제공해주고 있으나 중국기업이 직면하는 문제 역시 상당히 많은 것으로 보인다.[129)] 중국정부는 일대일로(一帶一路)를 대외정책만이 아닌 장기적인 경제성장방식으로 접근하고 있기 때문에 일대일로 연선(沿線)국가, 남미, 아프리카 및 남태평양 국가들과의 관계를 공고하게 하고 발전시

---

128) 高連水, "中國企業國際化的特色之路",『財經科學』, 2009年 第3期, 2009.

129) 畢耐玲, "中國企業國際化最新進展",『消費導刊財經科學』, 2018年 第20期, 2018.

키며 이들 국가와 중국 간 공통적인 이익부분을 찾으며 윈윈할 수 있는 지속적인 발전이 가능한 국제화 경영의 방법을 찾아야 할 것이다.[130)]

2017년 말까지 중국 해외직접투자금액은 1.8조 달러에 이르며 2016년 말에 비해 33.3%의 증가폭을 보여주었다. 전 세계 해외직접투자금액 중 중국 해외직접투자금액은 5.9%를 차지하고 이에 따라 미국에 이어 해외직접투자 규모 기준으로 전 세계에서 2위를 기록했다.

2017년 기준으로 중국기업의 해외직접투자 대상국 중 가장 많은 투자가 이루어진 국가 및 지역은 홍콩, 버지니아제도, 스위스, 미국 및 싱가포르였으며 투자금액은 각각 911.5억, 193억, 75.1억, 64.2억, 63.1억 달러를 기록했다.[131)] 〈그림 3.5.1-1〉, 〈그림 3.5.1-2〉와 〈그림 3.5.1-3〉은 각각 홍콩에 투자한 중국기업 사진이다. 그중 중국공상은행의 국제화 사례를 살펴보고자 한다. 중국공상은행(中國工商銀行, Industrial & Commer. Bank of China)은 〈표 3.5.1-1〉에서 볼 수 있는 것처럼 2018년 포천 글로벌 500대기업 순위에서 26위를 차지하였고 2018년 각각 31, 40, 46위를 기록한 중국건설은행(中國建設銀行, China Construction Bank), 중국농업은행(中國農業銀行, Agricultural Bank of China) 및 중국은행(中國銀行, Bank of China)과 함께 중국 상업은행 중 가장 규모가 크고 영향력있는 은행이다. 이러한 중국공상은행은 어떠한 목적으로 국제화를 진행한 것일까?

중국공상은행은 다음과 같은 목적에서 국제화를 추진한 것으로 이해할 수 있다. 첫째로 경쟁적인 중국 국내은행산업에서 새로운 수

130) 張銀平, "多管齊下提升中國企業國際化水平", 『中國石油和化工』, 2017年 第3期, 2017.

131) 中華人民共和國商務部, 『中國對外投資發展報告』, 2018.

익원을 창출할 뿐 아니라 글로벌화하는 중국기업을 지원하고 중국 위앤화 국제화를 위한 지원을 제공해야 한다. 둘째로 고객재산관리(wealth management), 투자은행(investment banking)업무, 리스크관리(risk management) 등 측면의 노하우를 배울 수 있으며 국제적 수준의 경쟁에 적응할 수 있다는 것이다.[132] 셋째로 외국계기업의 대중국투자, 상장기업의 자본납입, 무역수지 흑자 등으로 중국 국유상업은행의 외환보유고가 지속적으로 증가하고 위앤화의 평가절상 리스크 및 과도한 유동성을 고려한 공상은행은 해외직접투자를 통해 리스크를 분산시키고자 하였다. 넷째로 중국정부에서 은행의 대출을 엄격히 규제하면서 중국 상업은행들은 빠른 속도로 성장하는 신흥시장에 투자하여 수익창출증력을 향상시키고 자본수익률을 제고하고자 하였다. 다섯째로 중국 중앙은행인 중국인민은행은 중국계 은행의 해외인수합병을 정책적으로 지원하였으며, 이를 통하여 중국 상업은행들은 국제화(走出去)를 위해 노력하는 중국기업들을 지원하게 되었다.

중국 공상은행은 3개 지역권으로 구분하여 해외직접투자를 진행하였다. 첫째는 북미, 서유럽 및 한국 중심의 성숙시장이다. 이들지역에 진입하면 은행업무의 발전을 위한 경로(route)를 확충할 수 있으며 경험하기 어려운 학습과 실전경험을 쌓을 수 있게 된다. 둘째는 홍콩, 마카오 및 싱가포르 등 아시아 지역 성숙시장이다. 이들 지역에서는 거시경제 환경이 우수하여 리스크가 낮고 중국대륙의 문화적 배경과도 유사하며 지역적으로도 가까우며 중국계 은행에 대한 인지도 또한

---

132) Li, J. M. et al., 『Lessons For ICBC From The Investigation of Canadian Banks' International Talent Training Programs』, 중국공상은행 내부자료, 2015.

높은 편이다. 셋째는 아시아, 아프리카 및 남미 등 신흥시장이다. 이들 지역시장에 진입하는 것은 중국의 국가전략에 부합하여 이들 국가의 성장성이 우수하고 금융업발전 가능성도 높으며 이들 지역에 대한 중국기업의 투자와 무역거래 또한 비교적 활발한 상황이다.[133] 중국 공상은행은 먼저 진출국가에 대한 전략적 배치를 하여 홍콩 및 동남아 성숙시장에 가장 우선적으로 진출하며 그 다음으로 한국, 동유럽 및 호주시장에 진출하고 다시 유럽과 미국시장에 진출하는 전략을 채택하였다. 또한 동남아 신흥시장, 아프리카 및 남미지역시장은 그 다음 우선순위로 진출하는 전략을 취하였다.

중국기업들은 현재까지 미국 및 유럽 등 선진국시장에 진출하여 해

〈그림 3.5.1-1〉 홍콩소재 수닝(蘇寧)전기 매장
자료: 저자 직접 촬영

133) 武常岐,『中國企業國際化戰略 : 案例研究』, 北京: 北京大學出版社, 2014.

외시장에서의 외국기업으로서 부담하게 되는 각종 비용인 외국인비용(liability of foreignness)을 초과할 만큼 절대적인 기술 및 브랜드 측면의 우위를 가지고 있지 못한 것으로 보인다. 현실적으로는 자동차산업, 통신산업 및 전자산업 등에서 일정수준의 글로벌화 경험을 보유하고 있는 것으로 이해할 수 있을 것이다.[134)]

중국기업이 진출한 해외시장에서 중국기업에 대한 평가는 아직 그렇게 높지는 않는 것으로 보인다. 그 이유는 주로 중국제품품질에 대한 소비자의 우려, 현지 비즈니스관례에 대한 중국기업의 이해부족, 중국기업투자에 대한 부정적 인식 등 때문으로 나타났다. 특히 중국기업들이 국제화를 추진하면서 글로벌 스탠더드를 준수하고 현지의 규제법규와 문화차이를 받아들이는 것이 매우 중요한 당면과제로 여겨진다. 또한 중국기업의 해외직접투자가 증대하면서 투자대상국에서 법률적 분규가 점차 증가하고 있는 상황이다.[135)][136)]

이외에도 현재까지 중국기업의 국제화 과정 중 국제화 분야 인재와 경험의 부족, 국제화 분야 통제 및 운영능력 부족 등 역시 중국기업이 직면한 어려움이다.

다음으로는 중국기업의 현황을 살펴보고자 한다. 포천 글로벌 500대 기업 리스트에 포함된 중국기업수[137)]는 2015년 106개, 2016년 110

---

134) 장세진,『중국의 경쟁다이나믹스』, 서울: 박영사, 2013.

135) KPMG, "大潮洶湧, 夢想可及:再思中國企業全球化",『KPMG Global China Practice』, 2013.

136) Thomson Reuters,『中國企業全球化的機遇與挑戰』, Thomson Reuters China, 2015.

137) 홍콩 및 타이완기업을 포함하는 기업수를 의미함.

〈그림 3.5.1–2〉 홍콩 내 농업은행 광고
자료: 저자 직접 촬영

〈그림 3.5.1–3〉 홍콩 내 중국 건설은행 광고판
자료: 저자 직접 촬영

개, 2017년 115개에 이어 2018년 120개를 기록했다. 이에 비해 미국기업수는 2015년 128개, 2016년, 2017년 132개, 2018년 126개, 일본기업수는 2015년 54개, 2016년 52개, 2017년 51개, 2018년 52개로 나타났다. 한국기업수는 2015년 17개, 2016년 15개, 2017년 15개, 2018년 16개로 나타났다.[138)]

이러한 수치를 보면 중국기업의 약진이 이루어지고 한국기업과 일본기업은 점차 경쟁력을 잃고 있는 것처럼 보인다. 이외에도 중국기업이 미국기업을 거의 다 추격해왔다는 느낌을 준다. 과연 이렇게 생각하는 것이 맞는 것일까?

중국 경제가 고속성장기를 거치면서 다수의 기업들이 생산 라인, 브랜드, 유통채널, 영업조직 및 마케팅 운영조직 등을 갖추어 가지만 이와 동시에 경쟁기업과의 경쟁관계 속에서 복잡한 국면을 보여 주고 있다. 또한 많은 기업들이 고속성장을 이룬 후에 성장에 유리한 자원과 기회를 바탕으로 급속한 성장을 이루게 되었다. 이러한 방식으로 많은 기업들이 보기에는 매우 좋아 보이는 것들을 가지게 되었다. 그 예로서 공급사슬 중 더 긴 부분에 종사하고 기업이 보유한 자산규모가 커지고 직원수가 증가하고 기업규모 역시 증대되어 더 많은 사회적 지위와 명예를 누리게 되는 것 등일 것이다. 그럼에도 불구하고 얼마 지나지 않아 많은 기업들은 원래 계획했던 경쟁력 개선, 자원통합의 효과 및 직접적인 매출액 상승 등 결과를 가져다주지 못한다는 것

138) Fortune China 홈페이지 자료, http://www.fortunechina.com/fortune500/index.htm, 검색일: 2019년 6월 27일.

을 발견하게 되었다.[139)]

중국기업들은 이와 같은 우호적 환경 하에서 주로 외형적인 성장만을 이루고 있는 것과 같이 보인다. 중국의 일부 국유기업과 민영기업들은 기업문화를 정착하고 이를 통해 기업자산을 통합하고 핵심경쟁력을 제고하고자 하는 등 노력을 기울이기도 하면서 세계적인 규모의 기업으로 성장하고 있으나 여전히 중국은 주요 국내외 경쟁산업에서 세계일류의 브랜드와 기업을 만드는데 어려움을 겪는 상황이다.[140)]

중국기업의 실질적인 경쟁력을 이해하기 위해 중국기업은 산업가치사슬에서 어떠한 수준에 있는지 알아보아야 할 것이다. 산업가치사슬에서 가장 부가가치가 적은 부분을 차지하고 있다면 외적 규모가 큰 기업이라고 해도 중국 내 시장과 해외시장에서 경쟁에서 이기고 생존을 지속하기 어려울 것이다.

또 하나의 요인으로서 중국 내 독과점구조에서 정부의 보호를 받으며 지속적인 성장을 이루는 기업의 경우는 진정한 경쟁력을 갖추었다고 보기 어렵다. 이는 〈표 3.5.1-1〉과 〈표 3.5.1-2〉에서 볼 수 있고, 특히 중앙정부의 국유기업인 국유자산감독관리위원회 산하의 중앙기업들로서 포천 글로벌 500대 기업에 포함된 기업 48개는 이들 중앙기업을 볼드체로 표시한 〈표 3.5.1-1〉에서 찾아 볼 수 있다. 이외에 2018년 포천 글로벌 500대기업 리스트에 포함된 120개 중국기업 중 재정부 출자기업과 지방정부 소속 국유기업을 포함하면 모두 83개 기업이 국

139) 尹傳高,『戰略思維: 中國企業戰略路線圖』, 中國: 東方出版社, 2006, 제1장.

140) 박번순 외,『중국기업대해부』, 서울: 삼성경제연구소, 2009.

유기업인 것으로 나타났다.

예를 들면 2018년 포천 글로벌 500대기업 리스트에서 110위를 기록한 남방전망공사는 대표적인 국유기업이자 중앙기업이다.

남방전망공사(南方電网公司)는 2002년 12월에 설립되었으며 광동(廣東), 광시(廣西), 윈난(雲南), 궤이저우(貴州)와 하이난(海南)성을 경영범위로 하여 전력망에 대한 투자와 건설을 하고 남방지역전력망을 경영하고 관리한다. 또한 관련된 송배전시설을 경영하고 지역 간 송배전 및 전력망연결 프로젝트에 대한 참여, 투자 및 경영을 하고 있다.[141] 남방전망공사는 기존의 광동, 하이난성 전력망 자산과 전(前) 국가전력공사(國家電力公司) 소속이던 광시, 궤이저우, 윈난성의 전력망 자산을 기초로 하여 설립되었다. 원래 이들 각 성급 전력공사의 기업문화가 서

〈그림 3.5.1–4〉 중국 광저우시(廣州市) 중국남방전망 광저우전력설계원 사옥 전경
자료: 저자 직접 촬영

141) 陳向陽 외, "趙建國: 新十年躋身世界先進電網企業行列一訪中國南方電網公司董事長、黨組書記趙建國",『廣西電業』, 2013年 第1期, 2013.

〈그림 3.5.1-5〉 중국 남방전방 산하 광저우시(廣州市) 공전국 차량 사진
자료: 저자 직접 촬영

로 다른 상황에서 어떻게 이들을 융합할 것인가는 당시 상당한 어려움이었으나, 남방전망공사 설립 후 기업구조조정을 마치고 기업문화의 융합을 이루어냈다.[142)]

또한 중국기업들이 현대적인 기업제도를 갖추지 위한 개혁(改制)을 진행하고 기업지배구조 제도를 도입하였지만 중국기업들은 오직 겉모습만을 받아들였고 그 정수, 즉 영혼을 받아들이지 않은 것으로 보인다.[143)] 이는 서구에서 수백 년간 운영해온 주식회사제와 오랜 기간 동안 수많은 시행착오와 시도를 통해 만들어진 법률제도, 평등 및 책

---

142) 韋家立, "中國南方電網有限責任公司", 『中國人力資源社會保障』, 2012年 第3期, 2012.

143) 張銀平, "多管齊下提升中國企業國際化水平", 『中國石油和化工』, 2017年 第3期, 2017.; 郎鹹平, 『郎鹹平說 : 公司的秘密』, 中國: 東方出版社, 2008.

임감 등을 포함해야 할 기업지배구조가 단시간에 기업을 중심으로 만들어지게 되었고 이에 따라 근본적이고 핵심적인 부분이 태생적으로 부족한 측면을 보여주고 있다.

중국기업들은 글로벌한 시야에서 생산 및 경영을 진행하고 전 세계 시장에서 수익을 획득하여 국제적 경영의 성과를 개선해야 한다. 또한 중국기업이 해외직접투자를 진행하는 것은 핵심경쟁력을 제고하고자 하기 위함이다. 중국의 제조업수준은 아직 국제분업구조에서 볼 때 낮은 부가가치를 얻을 수밖에 없는 낮은 단계에 처해 있다. 중국기업이 계속적으로 많은 자원을 소모하고 투입대비 산출 효율이 낮고 성장주도형의 발전모델을 계속한다면 글로벌 산업가치사슬(global value chain 또는 supply chain)에서의 피동적인 국면은 또한 계속될 것으로 보인다. 이를 개선하기 위해서는 자원을 효율적으로 이용할 수 있는 생산방식과 소비방식으로의 전환이 반드시 필요할 것이다. 이러한 전환이 없이는 밸류체인에서 상류(upstream)과 하류(downstream)을 맡고 있는 기업, 그리고 국제적 종합상사 및 투자은행과의 게임에서 우위를 선점하기가 어려울 것이다.[144)]

일반적으로 볼 때 글로벌 가치사슬(global value chain)은 4가지로 구분 하여 볼 수 있다. 첫째는 시장적 관계(Arms-length relationship)로서 경제학에서 말하는 완전경쟁이 이루어지는 형태이고, 두 번째는 네트워크 관계(Network relationship)로서 각 생산자는 서로 간에 비슷한 기술을 보유하고 있거나 보완적인 관계가 존재하는 형태이고, 세 번째는 준

144) 衛戰勝, "如何扭轉中國在全球產業鏈中的被動局面", 『中國市場』, 2010年第37期, 2010.

계층적 관계(Quasi-hierarchical relationship)로서 지배적인 주도기업이 국제 분업 또는 생산을 통제하고 관리하는 방식이고, 네 번째는 계층관계(Hierarchical relationship)로서 다국적 기업이 수직 통합되는 글로벌 가치사슬을 통해 제품에 대한 생산을 진행하는 방식이다.

또한 글로벌 가치사슬에서 중국기업이 담당하는 부분을 살펴보면 비록 아직까지 높은 가치를 창출하고 있지는 못하지만 예를 들어 2018년 말부터 시작된 중미간 무역마찰 때문에 "중국기업이 담당하고 있는 공급사슬부분에서 다국적기업들이 철수하게 될 것인지?"라는 질문에 대해 이렇게 하기 위해서는 많은 시간, 노력과 비용이 들게 된다는 것이다. 소비문야 방직물을 예로 든다면 십 여년전 노동력 및 토지사용에 따르는 비용 때문에 중국에서 동남아시아로 방직물 생산기지가 이전되었지만 현재 미국에서 소비되는 방직물의 약 1/3은 여전히 중국에서 생산된다는 것이다. 또한 수많은 제조업 분야의 부속과 부품이 중국에서 생산되고 있다는 점이다. 이와 같이 현 수준에서 글로벌 가치사슬 중에 중국기업이 담당하는 부분은 당분간 안정적으로 유지될 가능성이 높아 보인다.[145)]

또 하나 지적해야할 내용은 중국기업들이 WeChat Pay 이후 겪은 수 많은 변화, 오프라인시장과 온라인시장이 결합되는 추세, 거대한 중국 내수시장에서 다양한 비즈니스모델을 시험하고 이를 통해 새로운 비즈니스모델과 비즈니스를 창조해내는 엄청난 역량을 보여주고 있음도 잊지 말아야 할 것이다. 이러한 중국기업의 새로운 역량이 중

---

145) Morgan Stanley China 홈페이지 분석자료, "全球產業鏈搬得走麽？", www.morganstanleychina.com/ideas/global-industrial-chain, 검색일: 2019년 7월 31일.

국기업을 이해하기 위해 반드시 인식하고 고려해야 할 부분이 될 것이다.

다만 현실적으로는 중국기업들이 개혁개방이래로 축적한 기술을 보유하고 있으며 일부 분야에서 축적된 기술을 통해 해외수출은 물론 해외직접투자에 적극적으로 나서고 있다. 하지만 아직 글로벌 가치사슬에서 높은 부가 가치를 창출하지 못하고 있다.

글로벌 가치사슬에 진입하기 위한 방법으로는 해외직접투자와 합작투자 등 국제경영 방식이 있고, 이외에도 라이센싱, 외주(outsourcing), 주문자상표 부착 생산(OEM, original equipment manufacturing) 등 방식을 통해 글로벌 가치사슬에 진입할 수 있으며 이외에도 해외지분인수, 제조사 디자인생산(ODM, original design manufacturing) 등을 통한 진입방법이 있고 그 외에도 외국인 및 현지 바이어와의 접촉을 통한 노하우 학습 등[146)]의 방법이 있다. 많은 산업에서 중국은 물론 한국 역시 글로벌 가치사슬에서 높은 부가가치를 차지하지 못하고 있다는 것은 우리에게 많은 것을 시사해준다.

146) 이준호 외, "글로벌 가치사슬(Global value chain)과 중소기업의 국제화 과제", 『뉴브리지연구』, 2007-01, 2007.

〈표 3.5.1-1〉 2018년 Fortune Global 500 포함 중국기업 현황[147)]

2018 순위	2017 순위	중국어 명칭	영문 명칭	매출액 (백만달러)	이익 (백만달러)
2	2	**國家電網公司**	**State Grid**	348,903.10	9,533.40
3	3	**中國石油化工集團公司**	**Sinopec Group**	326,953	1,537.80
4	4	**中國石油天然氣集團公司**	**China National Petroleum**	326,007.60	-690.5
23	24	**中國建築工程總公司**	**China State Construction Engineering**	156,070.80	2,675.20
24	27	鴻海精密工業股份有限公司	Hon Hai Precision Industry	154,699.20	4,559.90
26	22	中國工商銀行	Industrial & Commer. Bank of China	153,021.30	42,323.70
29	39	中國平安保險(集團)股份有限公司	Ping An Insurance	144,196.80	13,181.40
31	28	中國建設銀行	China Construction Bank	138,594.10	35,845.20
36	41	上海汽車集團股份有限公司	SAIC Motor	128,819.30	5,091.30
40	38	中國農業銀行	Agricultural Bank of China	122,365.50	28,550.40
42	51	中國人壽保險(集團)公司	China Life Insurance	120,224.10	266.5
46	42	中國銀行	Bank of China	115,422.70	25,509.20
53	47	**中國移動通信集團公司**	**China Mobile Communications**	110,158.50	10,932
56	55	**中國鐵路工程總公司**	**China Railway Engineering**	102,767.10	1,169.80

147) Fortune China 홈페이지 자료, http://www.fortunechina.com/fortune500/c/2019-05/16/content_332875.htm?id=mail&tdsourcetag=s_pcqq_aiomsg, 검색일: 2019년 6월 27일 이 기업들 중 중앙기업은 중국어명칭과 영어명칭을 붉은 색으로 표시함.

58	58	**中國鐵道建築總公司**	**China Railway Construction**	100,854.80	1,308.80
65	68	**東風汽車公司**	**Dongfeng Motor Group**	93,293.80	1,400
72	83	華爲投資控股有限公司	Huawei Investment & Holding	89,311.40	7,020.80
86	86	**中國華潤有限公司**	**China Resources National**	82,184.10	3,151.90
87	115	**中國海洋石油總公司**	**China National Offshore Oil**	81,482.20	3,018.50
91	103	**中國交通建設集團有限公司**	**China Communications Construction**	79,416.90	1,544.70
96	89	太平洋建設集團	Pacific Construction Group	77,204.50	3,143.90
98	143	**中國中化集團公司**	**Sinochem**	76,764.80	753.3
101	276	**國家能源投資集團**	**China Energy Investment**	75,522.40	2,494.90
109	120	**中國五礦集團公司**	**China Minmetals**	72,997.40	-210.7
110	100	**中國南方電網有限責任公司**	**China Southern Power Grid**	72,787.30	1,937.90
111	183	正威國際集團	Amer International Group	72,766.20	1,545.80
113	119	中國郵政集團公司	China Post Group	72,197.30	4,960.70
117	114	中國人民保險集團股份有限公司	People's Insurance Co. of China	71,579.10	2,382
122	136	**中糧集團有限公司**	**COFCO**	69,669.10	393.5
124	137	北京汽車集團	Beijing Automotive Group	69,591.30	1,554.50
125	125	**中國第一汽車集團公司**	**China FAW Group**	69,524.40	2,855.80
132	129	天津物産集團有限公司	Tewoo Group	66,577.40	121.9
140	135	**中國兵器工業集團公司**	**China North Industries**	64,646.30	857.7
141	133	**中國電信集團公司**	**China Telecommunications**	63,974	1,819.90

149	172	中國中信集團有限公司	CITIC Group	61,316.20	3,224.70
161	162	**中國航空工業集團公司**	**Aviation Industry Corp. of China**	59,262.50	363.1
162	204	**中國寶武鋼鐵集團**	**China Baowu Steel Group**	59,255.10	21.9
167	211	**中國化工集團公司**	**ChemChina**	57,989.40	-739
168	171	交通銀行	Bank of Communications	57,711.40	10,390.30
181	261	京東集團	JD.Com	53,964.50	-22.5
182	190	**中國電力建設集團有限公司**	**Power China**	53,870.10	946.7
185	159	山東魏橋創業集團有限公司	Shandong Weiqiao Pioneering	53,203	1,270
194	199	**中國醫藥集團**	**Sinopharm**	51,844.40	690.1
202	238	廣州汽車工業集團	Guangzhou Automobile Industry Group	50,322.70	989.2
213	216	**招商銀行**	**China Merchants Bank**	47,950.70	10,379.40
220	252	中國太平洋保險(集團)股份有限公司	China Pacific Insurance	47,318.80	2,169.40
222	248	**中國鋁業公司**	**Aluminum Corp. of China**	46,683.50	-428.6
227	245	上海浦東發展銀行股份有限公司	Shanghai Pudong Devel. Bank	46,295.20	8,138.10
230	338	中國恒大集團	Evergrande Real Estate Group	46,018.60	3,606.10
234	372	山東能源集團有限公司	Shandong Energy Group	45,649.50	489.3
235	268	恒力集團	Hengli Group	45,562.80	1,016
237	230	興業銀行	Industrial Bank	45,491	8,463.30
239	221	河鋼集團	HBIS Group	45,390.20	-119.2
240	226	聯想集團	Lenovo Group	45,349.90	-189.3
242	101	**中國兵器裝備集團公司**	**China South Industries Group**	44,785.40	739.6

243	259	**中國建材集團**	**China National Building Material Group**	44,701.20	15.2
245	233	**中國船舶重工集團公司**	**China Shipbuilding Industry**	44,431	716.3
251	251	中國民生銀行	China Minsheng Banking	43,297.50	7,370.30
252	277	綠地控股集團有限公司	Greenland Holding Group	42,970.10	1,337.20
256	334	**中國機械工業集團有限公司**	**Sinomach**	42,638.10	471.8
267	343	浙江吉利控股集團	Zhejiang Geely Holding Group	41,171.90	1,820.30
270	348	物產中大集團	Wuchan Zhongda Group	40,928.60	330.7
273	241	**中國聯合網絡通信股份有限公司**	**China United Network Communications**	40,663.50	63
280	–	**招商局集團**	**China Merchants Group**	39,970.80	4,039.40
283	279	怡和集團	Jardine Matheson	39,456	3,785
285	296	和碩	Pegatron	39,237.60	482.6
288	326	陝西延長石油(集團)有限責任公司	Shaanxi Yanchang Petroleum (Group)	38,897.80	166.8
289	274	**中國華能集團公司**	**China Huaneng Group**	38,872	215.6
294	337	陝西煤業化工集團	Shaanxi Coal & Chemical Industry	38,482.60	73.6
295	383	友邦保險集團	AIA Group	38,330	6,120
300	462	阿裏巴巴集團	Alibaba Group Holding	37,770.80	9,673.10
312	341	**中國保利集團**	**China Poly Group**	37,001.90	1,152.60
322	329	中國光大集團	China Everbright Group	35,840.20	1,895.10
323	450	美的集團股份有限公司	Midea Group	35,794.20	2,557.30

331	478	騰訊控股有限公司	Tencent Holdings	35,178.80	10,580.60
332	307	萬科企業股份有限公司	China Vanke	35,117.40	4,150.50
333	312	**中國能源建設集團有限公司**	**China Energy Engineering Group**	35,048.30	371.7
335	366	**中國遠洋海運集團有限公司**	**China COSCO Shipping**	34,667.80	1,404.30
339	205	來寶集團	Noble Group	34,420.80	-4,938.20
343	336	**中國航天科技集團公司**	**China Aerospace Science & Technology**	34,253.60	2,225.20
346	355	**中國航天科工集團公司**	**China Aerospace Science & Industry**	34,073	1,607.10
353	467	碧桂園控股有限公司	Country Garden Holdings	33,572	3,856.30
354	390	廣達電腦公司	Quanta Computer	33,563.80	472.2
359	320	冀中能源集團	Jizhong Energy Group	33,187.80	-141.5
360	494	廈門國貿控股集團有限公司	Xiamen ITG Holding Group	32,901.60	106.3
361	–	雪松控股集團	Cedar Holdings Group	32,711.50	1,068.10
362	488	廈門建發集團有限公司	Xiamen C&D	32,588.40	305.1
364	365	江蘇沙鋼集團	Jiangsu Shagang Group	32,560.50	1,061.80
368	369	台積電	Taiwan Semiconductor Manufacturing	32,126.40	11,339.30
369	362	**中國電子信息產業集團有限公司**	**China Electronics**	31,990.40	166.8
370	339	江西銅業集團公司	Jiangxi Copper	31,964.10	113.5
371	439	**中國航空油料集團公司**	**China National Aviation Fuel Group**	31,942.20	401.6
374	319	長江和記實業有限公司	CK Hutchison Holdings	31,892.40	4,504.50

375	–	象嶼集團	Xiamen Xiangyu Group	31,676.40	147.2
381	322	**新興際華集團**	**Xinxing Cathay International Group**	31,078.20	440
385	318	**中國中車股份有限公司**	**CRRC**	30,634.10	1,597.70
388	400	**中國電子科技集團公司**	**China Electronics Technology Group**	30,175.50	1,774.30
393	364	**中國船舶工業集團公司**	**China State Shipbuilding**	29,796.90	370.8
395	368	**國家電力投資集團公司**	**State Power Investment**	29,726.50	198.6
397	382	**中國華電集團公司**	**China Huadian**	29,611.80	333.3
399	–	兗礦集團	Yankuang Group	29,473.50	-280.1
404	458	仁寶電腦	Compal Electronics	29,175.20	189
410	411	國泰人壽保險股份有限公司	Cathay Life Insurance	28,804.50	1,192.80
427	485	蘇寧易購集團	Suning.com Group	27,805.70	623.3
428	–	**鞍鋼集團公司**	**Ansteel Group**	27,792	61.1
431	–	首鋼集團	Shougang Group	27,488.70	0.9
432	–	緯創集團	Wistron	27,480	127.7
436	–	台灣中油股份有限公司	CPC	27,105.50	1,324.90
456	495	新疆廣彙實業投資(集團)有限責任公司	Xinjiang Guanghui Industry Investment	26,106	32.5
464	459	陽光龍淨集團有限公司	Yango Longking Group	25,605.10	452.5
465	–	中國太平保險集團有限責任公司	China Taiping Insurance Group	25,597.50	449.2
468	454	**中國大唐集團公司**	**China Datang**	25,299.20	341.7
479	–	富邦金融控股股份有限公司	Fubon Financial Holding	24,688.30	1,778.90
481	476	山西晉城無煙煤礦業集團有限責任公司	Shanxi Jincheng Anthracite Coal Mining Group	24,658.70	57.3

489	–	泰康保險集團	Taikang Insurance Group	24,058.30	1,683.20
494	445	山西陽泉煤業(集團)有限責任公司	Yangquan Coal Industry Group	23,792.80	-117.1
495	448	潞安集團	Shanxi LuAn Mining Group	23,784.50	0.5
496	–	河南能源化工集團	Henan Energy & Chemical	23,699.40	-68.6
497	430	大同煤礦集團有限責任公司	Datong Coal Mine Group	23,697.50	66.8
499	–	青島海爾	Qingdao Haier	23,563.20	1,024.70

〈표 3.5.1-2〉 국무원 국유자산감독관리위원회 직할 중앙기업 명단[148)]

번호	중앙기업명칭
1	中國核工業集團有限公司 (The China National Nuclear Corporation)
2	中國航天科技集團有限公司 (China Aerospace Science and Technology Corporation)
3	中國航天科工集團有限公司 (China Aerospace Corporation)
4	中國航空工業集團有限公司 (The Aviation Industry Corporation of China, Ltd.)
5	中國船舶工業集團有限公司 (China State Shipbuilding Corporation Limited)
6	中國船舶重工集團有限公司 (China Shipbuilding Industry Corporation)
7	中國兵器工業集團有限公司 (China North Industries Group Corporation Limited)
8	中國兵器裝備集團有限公司 (China South Industries Group Corporation)
9	中國電子科技集團有限公司 (China Electronics Technology Group Corporation)
10	中國航空發動機集團有限公司 (Aero Engine Corporation of China)
11	中國石油天然氣集團有限公司 (China National Petroleum Corporation)
12	中國石油化工集團有限公司 (Sinopec Group)
13	中國海洋石油集團有限公司 (China National Offshore Oil Corporation)

148) 중국 국무원 국유자산감독관리위원회 홈페이지 자료http://www.sasac.gov.cn/n2588035/n2641579/n2641645/index.htm(검색일: 2019년 7월 1일).

14	國家電網有限公司 (State Grid Corporation of China)
15	中國南方電網有限責任公司 (China Southern Power Grid Co., Ltd.)
16	中國華能集團有限公司 (China Huaneng Group Co., Ltd.)
17	中國大唐集團有限公司 (China Datang Corporation)
18	中國華電集團有限公司 (China Huadian Corporation)
19	國家電力投資集團有限公司 (China Power Investment Corporation)
20	中國長江三峽集團有限公司 (China Three Gorges Corporation)
21	國家能源投資集團有限責任公司 (China Energy Investment Corporation)
22	中國電信集團有限公司 (China Energy Investment Corporation)
23	中國聯合網絡通信集團有限公司 (China Unicom)
24	中國移動通信集團有限公司 (China Mobile)
25	中國電子信息產業集團有限公司 (China Electronic Corporation)
26	中國第一汽車集團有限公司 (First Automotive Works)
27	東風汽車集團有限公司 (Dongfeng Motor Corporation)
28	中國一重集團有限公司 (China First Heavy Industries)
29	中國機械工業集團有限公司 (China National Machinery Industry Corporation)

30	哈爾濱電氣集團有限公司 (Harbin Electric Corporation)
31	中國東方電氣集團有限公司 (Dongfang Electric Corporation)
32	鞍鋼集團有限公司 (Ansteel)
33	中國寶武鋼鐵集團有限公司 (China Baowu Steel Group Corporation Limited)
34	中國鋁業集團有限公司 (Aluminum Corporation of China Limited)
35	中國遠洋海運集團有限公司 (China COSCO SHIPPING Corporation Limited)
36	中國航空集團有限公司 (China National Aviation Holding Company)
37	中國東方航空集團有限公司 (China Eastern Airlines)
38	中國南方航空集團有限公司 (China Southern Air Holding Company)
39	中國中化集團有限公司 (Sinochem Group Co., Ltd.)
40	中糧集團有限公司 (COFCO Corporation)
41	中國五礦集團有限公司 (China Minmetals Corporation)
42	中國通用技術(集團)控股有限責任公司 (China General Technology (Group) Holding Co Ltd.)
43	中國建築集團有限公司 (China State Construction Engineering)
44	中國儲備糧管理集團有限公司 (China Grain Reserves Corporation)
45	國家開發投資集團有限公司 (The State Development & Investment Corporation)

46	招商局集團有限公司 (China Merchants Group)
47	華潤(集團)有限公司 (China Resources (Holdings) Co., Ltd.)
48	中國旅遊集團有限公司[香港中旅(集團)有限公司] (China National Travel Service (HK) Group Corporation)
49	中國商用飛機有限責任公司 (Commercial Aircraft Corporation of China, Ltd.)
50	中國節能環保集團有限公司 (China Energy Conservation and Environmental Protection Group)
51	中國國際工程咨詢有限公司 (China International Engineering Consulting Corporation)
52	中國誠通控股集團有限公司 (China Chengtong Holdings Group Limited)
53	中國中煤能源集團有限公司 (China National Coal Group Corporation)
54	中國煤炭科工集團有限公司 (China Coal Technology & Engineering Group)
55	機械科學研究總院集團有限公司 (China Academy of Machinery Science and Technology Group Co Ltd.)
56	中國中鋼集團有限公司 (Sinosteel Corporation)
57	中國鋼研科技集團有限公司 (China Iron & Steel Research Institute Group)
58	中國化工集團有限公司 (China National Chemical Corporation)
59	中國化學工程集團有限公司 (China National Chemical Engineering Group Corporation)
60	中國鹽業集團有限公司 (China National Salt Industry Corporation)
61	中國建材集團有限公司 (China National Building Materials Group Co Ltd.)

62	中國有色礦業集團有限公司 (China Nonferrous Metal Mining (Group) Co Ltd.)
63	有研科技集團有限公司 (General Research Institute for Nonferrous Metals Group Co Ltd)
64	北京礦冶科技集團有限公司 (BGRIMM Technology Group)
65	中國國際技術智力合作有限公司 (China International Intellectech Co.)
66	中國建築科學研究院有限公司 (China Academy of Building Research)
67	中國中車集團有限公司 (CRRC Corporation Limited)
68	中國鐵路通信信號集團有限公司 (China Railway Signal & Communication (Group) Corporation Limited)
69	中國鐵路工程集團有限公司 (China Railway Group Limited)
70	中國鐵道建築集團有限公司 (China Railway Construction Corporation Limited)
71	中國交通建設集團有限公司 (China Communications Construction Company Limited)
72	中國普天信息產業集團有限公司 (Potevio Company Limited)
73	中國信息通信科技集團有限公司 China Information and Communication Technologies Group Corporation)
74	中國農業發展集團有限公司 (China National Agricultural Development Group Co Ltd.)
75	中國中絲集團有限公司 (China Silk Corporation)
76	中國林業集團有限公司 (China Forestry Group Corporation)
77	中國醫藥集團有限公司 (Sinopharm Group)

78	中國保利集團有限公司 (China Poly Group Corporation)
79	中國建設科技有限公司 (China Construction Technology Consulting Co Ltd.)
80	中國冶金地質總局 (China Metallurgical Geology Bureau)
81	中國煤炭地質總局 (China National Administration of Coal Geology)
82	新興際華集團有限公司 (Xinxing Cathay International Group Co Ltd.)
83	中國民航信息集團有限公司 (China TravelSky Holding Company)
84	中國航空油料集團有限公司 (China National Aviation Fuel Group Limited)
85	中國航空器材集團有限公司 (China Aviation Supplies Holding Company)
86	中國電力建設集團有限公司 (Power Construction Corporation of China)
87	中國能源建設集團有限公司 (China Energy Engineering Group Co Ltd)
88	中國安能建設集團有限公司 (China Anneng)
89	中國黃金集團有限公司 (China National Gold Group Co Ltd)
90	中國廣核集團有限公司 (China General Nuclear Power Corporation)
91	中國華錄集團有限公司 (China Hualu Group Co Ltd.)
92	上海諾基亞貝爾股份有限公司 (Nokia Bell Co Ltd.)
93	華僑城集團有限公司 (Overseas Chinese City Group)

94	南光(集團)有限公司[中國南光集團有限公司] (Nam Kwong (Group) Company Limited)
95	中國西電集團有限公司 (China XD Group)
96	中國鐵路物資集團有限公司 (China Railway Materials Company Limited)
97	中國國新控股有限責任公司 (China Reform Holdings Corporation Ltd.)

6. 중국 현지 기업경영

6.1 경영 현지화의 이해

중국의 개혁개방 이후 중국경제의 고도성장에 따른 막대한 이익을 본 다국적기업들 중 상당수기업이 2000년대 중반 이후 일부기업은 큰 성공을 거둔데 반해 일부기업은 환경변화에 적절히 적응하지 못해 희비가 엇갈렸다. 또한 중국에 진출한 국내 기업들도 철저하게 현지화를 준비하지 않는다면 '제2의 중국 엑소더스'라는 참담한 결과를 보일 수 있다는 리스크가 상존하고 있다.

다국적 기업의 현지투자와 관련하여 많은 선행연구들이 이루어졌고 현지화에 대한 연구성과를 제시하고 있으나 중국 현지 투자기업이 수행하여야 할 현지화는 무엇인지, 경영성과를 높이기 위해 가장 근본적이고 중요한 요인인 관리 현지화의 방법론은 어떠한지, 단계별로 상이하게 이루어져야 할 현지화를 아직 구체적으로 어떻게 수행해야 하는지를 제시하지 못하고 있다. 이에 따라 이 장에서는 중국 현지에 투자한 한국기업 중국 내 경영과 경영 현지화의 내용 및 방법론에 대해 제시해 보고자 한다.

먼저 안종석과 백권호는 현지화를 국제적인 사업경영을 진행하는 기업이 자신의 경쟁적 지위를 향상시키거나 강화시키기 위해 진출국가 또는 지역의 상이한 문화나 환경에 기업과 구성원을 적응해가는 과정이라고 보고 있다.

경영 현지화에 대한 다양한 연구가 이루어지고 있으나 그 중에 특히 다음과 같이 개인, 즉 해외 주재원의 수준과 기업, 즉 다국적기업의 수준에서 분석이 이루어 질 수 있다. 이와는 다르게 개인수준에 대한 연구는 해외 환경과 문화에 대한 해외 파견 주재원의 적응과 관련된 연구가 중심내용으로 되고 있다.[149] 기업의 국제화 진행 과정 중 해외 주재원들이 현지에서 과거의 경험과 상이한 문화와 환경을 접하는 과정 중 직면하는 '문화충격(culture shock)' 현상이 주재원 개인의 업무성과와 직무만족에 미치는 부정적인 영향과 이를 극복하기 위한 방안을 제시하는 분야이다.

두 번째는 기업수준의 경영 현지화에 대한 연구 분야이다.[150] 첫째로 경영 현지화를 본사와 자회사 간의 관계에서 접근하여 본사의 의사결정권을 해외 자회사에 위양하는 정도 또는 본사 의사결정권의 집중화 경향과 상반되는 개념으로 파악하는 입장으로서 원자재 구매, 영업 마케팅, 인사관리 및 재무관리 등 분야에 대하여 현지 자회사에게 의사결정권을 위양하는 정도로 판단한다.

둘째로 경영 현지화를 자회사의 경영관리 방식 또는 제도가 본사보다 현지기업과 유사한 정도로 파악하는 입장이다. 본사의 경영방식, 관리노하우 및 각종 제도를 현지에 이전하는 문제와 더불어 R&D(research and development), 생산관리 생산기능, 재무 회계, 마케팅 영

---

149) 안종석 외, "중국 진출한국기업의 경영 현지화, 어떻게 할 것인가", 『국제경영리뷰』, 제10권 제2호, 2006.

150) 안종석 외, "중국 진출한국기업의 경영 현지화, 어떻게 할 것인가", 『국제경영리뷰』, 제10권 제2호, 2006.

업 등 기능별로 본사의 제도와 노하우를 포괄하고 전수할 프로그램을 현지에 적용하는 개념으로 현지화를 파악하고 있다.

셋째로 경영 현지화를 부가가치를 창출하는 각 활동을 배치하고 조정하는 관점에서 본 것이다. 부가가치를 창출하는 활동을 분산하고 집중하며, 현지 자회사가 다양한 활동을 직접적으로 수행 하는 정도, 자회사가 수행하는 역할, 지식 및 노하우를 현지법인에 이전하는 기능과 함께 기업이 보유한 전략적인 자원을 분포시키고 배치하는 일련의 경영활동을 현지화의 구성요소로 보고 있다.

Chen과 Wilson은 특정분야의 경영전략을 전문지식, 일치성, 자원 및 국제화경험등 4가지 유형에 따라 포괄한다면 다국적기업이 표준화의 방향으로 발전하는 이유로는 아래의 4가지 요인이 작용하게 되는 것이라고 보았다.[151)]

첫째로 다국적기업은 현재 그의 경영관리 실천방식이 모든 예상할 수 있는 모형보다 우수하며 또한 보편화할 수 있는 최적의 실천방식이다. 이는 전문지식에 따른 전략추진자를 의미한다.

둘째로 다국적기업은 운영상의 효과와 효율이 실천 중에도 일치할 것으로 인식하며 또한 투자대상국에서 경영관리의 거래비용이 너무 비싸기 때문에 표준화는 최적의 대안이다. 이는 일치성에 대한 전략추진자를 의미한다.

셋째로 다국적기업은 산업 또는 국제분업 중 어떤 중요한 자원을

151) Chen, S., Wilson, M., "Standardization and localization of human resource management in sino foreign joint ventures", 『Asia Pacific Journal of Management』, Vol. 20, No. 3, 2003.

보유하고 있으며 다국적기업은 소위 '평등한' 협력관계를 지배하고 협력방안과 관련하여 실제로 있어야 할 평등관계를 중시하지 않게 된다. 또한 다국적기업은 대단히 많은 또는 전부의 의사결정권을 장악하게 된다. 이는 자원을 보유한 전략추진자를 의미한다.

넷째로 다국적기업은 풍부한 국제화 경험을 가지고 있고 이미 그들의 환경 중 표준화된 경영관리를 실천하였으며 다국적기업이 그의 풍부한 협상경험을 이용하여 합자기업이 표준화를 채택해야 함을 주장하게 한다. 이는 국제적 경험을 가진 전략추진자를 의미한다.

아오이창(敖一昌)과 왕위(王渝)는 Chen과 Wilson의 모형에 대해 합자파트너 중 한 측이 전문지식과 일치성의 전략추진자인 경우 양측의 마찰 발생가능성이 높아지며 합자기업의 양측이 경영관리 과정 중 마찰이 생기는 경우 자원 및 국제화 경험이 많은 한 측이 최종적인 결정과 실행을 하게 될 것이라는 견해를 제시했다.[152)]

뤼 위앤(Lu Yuan, 1997, 2001) 등은 표준화이든 현지화이든 중국내 합자기업에서 양측의 상이한 문화를 관리하는 측면을 포함하고 있으며 실제로는 점점 더 많은 다국적기업이 현지화 전략을 중요하게 여기고 있다. 이에 따라 많은 중외합자기업은 '혼합형' 경영관리전략을 취하고 있다고 볼 수 있다.[153)]

---

152) 敖一昌, 王渝, "從跨國文化視角論中外合資企業管理的標准化與本土化策略選擇", 『重慶大學學報(社會科學版)』, 第15卷 第2期, 2009.

153) Lu, Y., Bjorkman, I., "MNC standardisation versus localisation: MNC practices in China Western joint ventures", 『International Journal of Human Resource Management』, Vol. 8, No. 5, 1997. Lu, Y., Bjorkman, I., "Institutionalization and bargaining power explanations of HRM practices in international joint ventures—

다음으로 아보데츠오(安保哲夫)의 현지화 관련 연구를 소개한다. 아보데츠오(安保哲夫)는 하이브리드 모델(hybrid model)을 제시하였다. 아보 데츠오(1991)가 제시한 모델은 '적용'과 '적응'의 딜레마모델(dilemma model of application and adaptation)이라고도 한다. 이 이론은 처음에 일본다국적기업의 미국 내 자회사에 대해 연구하면서 도입되었다. 연구가 관심을 가진 핵심문제는 다국적기업이론 중 기업이 보유한 특유의 요인(경쟁우위)과 현지의 특수환경요인(현지화)의 대립되는 2가지 갈등의 측면이었다.

아보 데츠오는 일본제조업, 특히 자동차산업 및 전력설비산업 등 가공조립산업의 경쟁우위는 일본식 경영 및 생산방식이며 이에 따라 사람의 요인을 중요하게 여기며 '현장주의'라는 측면에서 사람과 사물을 조직하고 관리하며 이를 운영함으로써 높은 수준의 작업효율과 품질관리를 이루게 되는 일본특유의 방식이라고 보았다.

반면에 일본계 다국적기업은 이와 같은 일본특유의 사회적 제도와 습관에 의존하는 경영 및 생산방식이 역사와 문화측면에서 완전히 다른 해외의 일본 자회사에 이식될 때 어떻게 이러한 경영 및 생산방식의 경쟁우위를 발휘하게 할 것인가라는 문제에 봉착하게 된다.

이러한 일본계 다국적기업의 딜레마에 대하여 어떻게 최대한으로 모기업이 보유한 가장 우수하고 경쟁력 있는 경영방식과 생산방식을 도입(적용, application)할 것인가 하는 측면과 이와 반대로 현지의 복잡하고 다양한 환경에 적응하기 위해 모회사의 경영 및 생산방식에 대한

The case of Chinese-Western joint ventures", 『Organization Studies』, Vol. 22, No. 3, 2001.

수정(적응, adaptation)을 하여야 하는 측면의 딜레마가 생기게 되며, 아보 데츠오는 이러한 적용과 적응의 딜레마 모델을 이용하여 일본 다국적 기업의 미국자회사 공장에 대한 연구를 진행하였다.

아보 데츠오는 '4각도 평가' 방식을 도입하여 사람과 사물 중 직접 도입하게 되는 설비와 제도, 작업방식 등을 구분하여 '직접'과 '방식'으로 다시 '사람'과 '사물'로 구분하여 4개의 각도에서 평가하는 체계를 도입하였다.[154)]

안종석 외(2006)가 제시한 경영 현지화 중에서 첫째로 전략적 현대화는 부가가치활동의 이전확대와 자회사의 의사결정권 확대를 포함하며, 이에 비해 관리적 현대화는 인적자원의 현지화와 경영관리방식의 현지화를 포함하는데, 이중 이번 절은 관리의 현지화를 살펴보며, 그중에서도 경영관리방식의 현지화에 대해 살펴보고자 한다. 또한 경영 현지화의 관리 현지화 분야 중 경영관리방식의 현지화에 집중하여 단계별로 다른 방식으로 진행되어야 할 현지화의 방법론을 제시하고자 한다.

---

154) 마쯔노 유타카(松野 豊), 『중국시장에서의 성공을 위해 필요한 경영력』, 노무라 종합연구소 NRI IT solution, 제22권 제7호, 2005.

〈표 3.6.1-1〉 4개 각도에서 본 평가방식의 항목 내용: '적용'과 '적응' 중의 적용

	방식	직접
	사람-방식	사람-직접
사람	작업조직 및 관리운영 -직무구분 -급여체계 -직무순환 -교육, 훈련 -승진 -작업장(長) 참여의식 -소집단 활동 -정보공유 -일체감 -고용 보장 투서처리	일본인(본사파견인원) 비율 현지인 경영관리자의 지위
	사물-방식	사물-직접
사물	품질관리 유지보수 부품 구매방법	생산설비 현지구매 비율 부품 현지구매처 (현지 공급업체)

자료: 薛軍, 跨國公司全球一体化條件下的當地化戰略研究-在華日資企業的投資戰略分析, 중국: 人民出版社, 2008.

먼저 중국인의 가치에 대해 알아보고자 한다. 중국인의 가치관을 정(情)·리(理)·법(法)의 3가지 요인으로 구분하여 볼 수 있다. 그 중 첫 번째로 '정(情)'은 조직 내에서 비공식적인 조직활동 또는 사적인 인간 관계로 출현하거나 표현되며 이에 따라 사적인 행위영역을 대표한다. 두 번째로 '리(理)'는 조직 내 업무 효율성을 높이기 위한 조직의 지상 목표인 가치창출을 지향하는 활동으로 효율성을 높이기 위한 업무영

역을 대표한다. 마지막으로 '법(法)'은 조직의 성문화된 규정과 제도 또는 복지, 노사간 관계와 조직 내외의 통합 등 기업내부의 영역들과 함께 중국 정치체제, 경제체제, 환경 친화적 경영, 사회적 책임 및 윤리적 경영 등과 같은 지속경영 기업 외부의 영역을 포함한다.[155)]

다국적기업의 현지화와 관련하여 기존에 많은 학자와 기업 관리자가 상당한 수준의 관심을 가지고 있으며 다수의 선행연구가 이루어졌음에도 불구하고 현지화에 따른 경영성과 제고에 있어 가장 주요한 요인이며 현지기업의 경영관리능력 또는 현지 장악능력을 제고함에 있어 핵심적인 요인인 관리적 측면의 현지화에 집중된 연구가 부족하며 구체적인 절차와 방법론을 제시하지 못하고 있다.

이에 따라 이 절은 그린필드(green field) 방식이나 기존 현지기업 인수 후 재투자를 통한 현지화 활동을 대상으로 하여 각 관리 영역별로 구분하여 각 단계별로 현지화를 수행하기 위하여 실시해야 할 활동 및 취해야 할 방법들을 제시하여 이러한 연구의 공백을 채워나가려는 노력을 해 보고자 한다.

아래의 구체적인 절차 및 방법론은 저자가 재직했던 중국 현지법인이 중국 현지기업에 대한 투자가 이루어진 후로부터 4년여 간의 중국 현지법인에서의 인사부서 책임자로서 현지화를 위해 겪었던 경험과 축적된 노하우를 비롯하여, 당시 중국 내에서 현지화를 가장 잘하였다고 평가받았던 스위스계 ABB(ASEA Brown Boveri)그룹 총칭(重慶) ABB공장 현지화 전략 및 방법에 대한 면담, 이들 총칭ABB 출신 사

155) 안종석 김윤태, "정, 리, 법 패러다임을 활용한 중국진출기업의 현지화 실증분석", 『국제경영연구』, 제19권 제3호, 2008.

원들에 대한 면접 및 다국적기업들에 대한 벤치마킹을 통하여 이해하고 축적한 내용을 바탕으로 하여 좀 더 효과적이고 실제적인 현지화에 대한 방법론을 제시하고자 한다.

중국 현지 투자기업이 관리 현지화를 실현하기 위해서는 최소 4년의 시간이 소요되며 일반적으로 5년에서 10년의 기간이 소요될 수 있다. 이러한 장시간의 방대한 업무를 체계적으로 진행하기 위해 현지 투자 후 6개월~1년간의 일반관리기능의 현지화와 생산, 기술 등 직능 부문과 관련된 기능의 현지화가 병행되어 이루어지며, 이 기간 중에는 규정과 원칙에 따른 품질수준, 규율과 기강을 수립하는 것이 중요하므로 법가사상에 의한 통제가 필요한 기간이다. 1~4년은 가치관과 신념이 이전되고 통합되는 기간이며 보다 인간적인 유가사상에 통제가 이루어지는 단계이다. 4년 이후부터는 기능 및 관리의 현지화와 외국기업과 중국 측 등 양측이 가진 가치관과 신념의 통합이 이루어진 이후 이미 상대적으로 독립된 역할을 하고 있을 현지법인은 소수의 본사 파견인력이 무형적인 통제를 하게 되는 단계가 된다.

6.2 일반관리 능력의 이전 과정 – 일반관리 영역의 현지화

일반관리 영역의 현지화 중에 부딪히게 되는 문제는 우수한 고급관리자와 중간관리자의 부족, 현지 채용인력의 관리 및 품질 마인드 부족, 각 부서 및 개인의 직무 관련 책임의 회피경향, 적극성과 몰입성의 부족, 규정에 대한 적극적이고 자발적인 준수의식 부족 등 문제이다.

중국 현지기업에 대한 일반관리 영역을 현지화하기 위한 절차는 다음과 같다. 다만 업종과 산업별로 차이가 있을 것이며 직무를 정의하는데도 차이가 존재할 수 있으니 글자로 쓰여진 그대로가 아닌 업종과 직무의 맥락을 파악하여 현지화를 위한 노력을 할 수 있기를 희망한다.

첫째로 상벌, 인사, 품질, 작업표준 등 사내 주요 규정은 반드시 사전에 잘 정리되고 문서의 형태로 이루어져야 한다. 이는 정, 리, 법의 차원 중 리와 법의 영역에 해당되는 것으로 구체적이고 명확하게 기술되어야 한다. 많은 한국기업의 규정이 포괄적으로 되어 있으나 중국기업의 규정은 구체적이고 상세하게 이루어져 있다. 상세하게 이루어지지 않은 상벌, 인사, 품질, 작업표준 등의 내용을 포함한 사내규정은 현지채용인력으로 하여금 규정을 준수하고 시행하게 하는데 있어 상당한 어려움을 가져올 수 있다.

둘째로 사내규정 특히 상벌, 인사, 품질, 작업표준 등 현지인력의 이익에 직접 영향을 줄 수 있는 규정은 중국 내 노조인 공회(工會)의 동의를 구하는 절차를 거쳐야 하며 동의를 하지 않는다고 하여도 이는 중국 내 기업이 사내 규정을 민주적 절차에 의하여 기업 내에서 공포하고 직원에게 인지시킨다는 의미가 있는 것이 될 것이다.

셋째로는 사내의 규정에 대하여 교육과 홍보를 하고 이를 엄격하게 관철시켜야 한다. 중국 현지기업의 경영자 및 관리자는 현지화 초기에 강인한 의지와 추진력을 가지고 조기에, 즉 약 6개월에서 1년간 인사관리 영역, 특히 회사의 기강과 규율이 잘 지켜질 수 있도록 하여야 한다. 일부 기업의 경영자와 관리자들은 정, 리, 법의 영역 중 리 및 법의 영역에서 이루어져야 할 사내규정, 즉 상벌, 인사, 품질 및 작업 표준 등의 제정, 시행 및 기강의 수립과 정의 영역을 혼동하는 경우가 있으나 현지화 초기에는 엄격하고 철저하게 규정이 실시되도록 하는 분위기를 구축하는 것이 매우 중요하다. 이는 향후 현지화를 실시하는 과정에 있어 대단히 중요하며 큰 도움이 될 수 있을 것이다.

넷째로는 본사의 관리제도 및 업무표준에 대해서 잘 정리하여 매뉴얼로 만들어야 한다.[156] 이는 직급체계, 급여제도, 서면 및 구두형태의 보고방법, 위임전결규정 등의 형태로 나타나며 선행연구인 안종석 외(2005, 2008)는 모기업이 대기업인 경우 현지화보다는 표준화된 업무절차의 확립이 현지화를 통한 경영성과의 제고에 도움이 될 수 있다는 것을 보여주었으며, 표준화된 업무기준이 실시되는 과정 중에 또는 정착된 이후에 현지사정에 따라 이를 수정하고 보완하는 과정 중에 현지화가 이루어질 수 있다고 하였다. 또한 중요한 것으로 중국인의 직급 또는 급여를 통한 자기성취 욕구는 매우 강하므로 급여, 보상체계를 설계할 때는 실적이 개인의 평가와 급여에 반영되고 이를 통해 적극성이 제고될 수 있도록 하여야 한다.

다섯째로 각 부서의 업무분장[157]이 명확하게 이루어져야 하며 이는

156) 일반관리 능력과 기능이 우월한 본사에서 현지법인으로의 이전이 이루어지기 위해서는 업무, 기능, 작업의 노하우와 프로세스가 기존의 모호하고 명확하지 않은 상태에서 명확하고 구체적으로 기술되어야 하며 복제(학습, 이전)가 가능한 상태로 되어 있어야 한다. 이러한 구체적인 프로세스의 매뉴얼化는 현지화 초기단계에 있어 매우 중요한 요인임.

157) 이는 R&R(Role & Responsibility)로서 각부서의 구체적이고 합리적인 권한과 책임을 의미함.

서면자료로서 이루어지고 이에 대한 확인이 이루어져야 하는 것이다. 푸허이앤(傅和彦, 2005)은 일본계기업, 타이완기업에서 30여 년간 생산관리, 물류관리, 품질관리의 경험을 가지고 있으며 공장조직을 설계하는 과정 중에서 조직의 각 부문, 각 직급의 책임과 권한이 명확하게 정의되어야 하며 서면형태로 규정되어야 한다고 하였다. 그는 조직의 권한과 책임을 규정하기 위해 다음의 3가지 부분에 주의해야 한다고 강조한다.[158)]

푸허이앤은 첫째로 권한과 책임이 서로 대칭이 되고 크기가 일치해야 하고, 둘째로 책임소재가 없는 경우가 생기지 않도록 해야 하며, 셋째로 권한 또는 권력이 중첩되는 경우가 생기지 않도록 해야 한다고 하였다.

중국 현지기업은 조직운영의 특성 상 부서별 책임회피 및 책임전가의 성향이 강하며 이렇게 리의 영역에서 명확하게 규정된 부서의 직무와 책임에 따라 관리를 하며 이에 의해 평소에는 부서장에게 상당 수준의 재량권을 주며 일정기간 또는 일정 프로젝트를 마치는 시기에 부서장의 책임을 묻는 경영방식이 중국 현지기업의 경영방식이며 부서장의 관리능력 향상에도 더욱 도움이 될 수 있을 것이다.

여섯째로 부서별 인원계획이 세워져야 하며 현지인력의 채용계획과 현지 중간관리자 및 고급관리자의 확보 및 육성계획이 세워져야 한다. 설계, 제작기술, 시험, 품질관리 등에서 현지 기술인력과 중간관리자의 수준이 현지화를 조기에 달성하는데 있어서 대단히 중요하다.

---

158) 傅和彦,『工廠管理』, 中國: 廈門大學出版社, 2005.

이는 단순히 이들 중간관리자 및 고급관리자가 관리업무를 수행하기 때문이 아니며 이들의 의식수준과 관리수준이 직원 및 작업자가 품질 마인드를 갖추고 의식수준과 안목을 높이고 모기업의 문화를 받아들이는데 있어서 중요하며 중간관리자가 중국 내 현지법인의 고위층과 직원 또는 일선 작업자들 간의 의사전달[159]에 있어서도 매우 중요하기 때문이다.

이러한 측면을 고려하면 중간관리자에 대한 요구수준과 선발이 얼마나 중요한지 알 수 있게 된다. 생산부문 중간관리자에 대한 요구수준은 생산현장의 조장, 반장급의 요구수준과는 달라야 하며 최소한 전문대학 이상 학력을 가지고 있으며 관리마인드와 품질마인드를 갖추고 있어야 하며 고위층의 정책을 이해하고 전달할 만큼의 눈높이와 안목을 가지고 있어야 한다.

일곱째로 기업문화와 직원의 업무자세, 롤모델(Role model)에 대한 명확한 제시가 이루어져야 하며 이에 대한 부단한 교육과 홍보가 필요하다. 이는 현지화 초기에 명확하게 제시가 될 수 있도록 하여야 하며 이러한 요구수준을 따라 올 수 없는 사람에 대하여는 교육을 통한 기회가 제공되나 일정횟수의 교육 이후에도 요구수준을 만족시키지 못하는 경우는 비적합자로 구분되어 정리하게 되며 이러한 엄격하고 강인한 면이 현지화 초기에는 반드시 필요하다.

159) 이는 고위층의 의도를 효과적으로 정확하게 전달하며 직원 및 일선 작업자의 생각이 고위층에게 전달되는데 있어 중간관리자의 역할이 대단히 중요하기 때문임.

〈미니 사례 3.6.2-1〉 타이완기업의 권한 위양 방식

그렇다면 산업경쟁력은 떨어지나 현지화 수준이 높다는 타이완 기업이 취하고 있는 현지화 방식은 무엇인가? 위임전결규정은 한국 기업의 상당수가 부서 간 업무분장과 직급간의 권한과 책임을 명확하게 하기 위해 사용하고 있는 제도이다. 이와 비교하여 중국적인 권한위양(empowerment) 방식을 제시하고자 한다. 현재 중국 내에서 중국식 관리방식 분야의 최고 권위자로 알려진 정스치앙(曾仕强) 교수는 계층화책임제 또는 층상책임제(layered responsibility, 分層責任)의 방법을 제시하였다.[160]

이러한 방식에 따르면 첫째로 우선 계층화책임제 또는 층상책임제(layered responsibility, 分層責任)를 명확히 하기 위한 '계층화책임표(分層責任表)'를 만든다. 이 표는 위임전결규정과 상당히 유사하나 부서별로 작성되며 일년에 1회 정도 수정이 이루어지게 된다. 각 직급별로 구분된 담당자 및 관리자의 책임소재가 명확하게 표시되어 있고 부서 내 업무는 다시 발생하는 빈도에 따라 일, 주, 월, 분기, 반년과 일 년 기준으로 구분되고 일, 주, 월, 분기, 반년, 일 년은 다시 일반적인 사안과 긴급한 사안 또는 특수사안으로 구분된다.

둘째로 빈도가 높을수록 일상적인 업무이므로 담당자 또는 중간관리자 선에서 책임을 지고 수행하며 빈도가 낮은 업무일수록 과장, 경리(經理, manager라는 뜻으로 部長이라고도 함), 부총경리 또는 총경리(CEO)까지 승인을 받고 업무처리를 하게 하는 방식이다.

셋째로 정스치앙 교수가 제시한 중국적인 권한위양 방식은 우선

160) 曾仕強,『在中國如何當領導』, 中國: 北京大學出版社, 2009.

책임을 위양하여 업무를 책임감있게 잘 처리할 수 있는지를 관찰하는 것이다. 이에 따라 책임은 명확히 위양하되 권한에 대한 위양은 모호하고 구두를 통한 또는 묵시적인 방식으로 이루어진다.

넷째로 이러한 권한과 책임이 이루어지면 권한을 위양한 고위층은 무위적이고 무형적인 통제를 하게 되나, 고위층은 권한과 책임을 위양 받은 부하직원의 행동과 의사결정 상황을 알고 있어야 한다. 또한 경계심을 유지하고 부하직원의 단편적인 말에만 의존해 부하직원에게 기만을 당하게 되는지도 항상 주의하여야 한다. 이러한 태도 및 모호하고 묵시적인 방식으로 이루어지는 권한위양은 권한남용이나 책임감 없는 업무수행, 의사결정이 발생할 때 부하직원에게 주어진 권한을 다시 박탈하게 할 수도 있는 것이다.

다섯째로 부하직원의 업무에 대한 검사와 확인은 부정기적으로 이루어져야 한다. 정기적으로 이루어지게 되면 항상 검사와 확인을 위해 미리 준비하게 되며 부정기적으로 이루어져야 언제든지 어떤 사안이든지 책임감 있는 업무수행이 되고 경영자와 관리자는 일상적인 업무에서 벗어나 조직의 미래, 목표, 비전에 대한 본연의 업무를 수행할 수 있게 되는 것이다.

〈미니 사례 3.6.2-2〉 중국 내 ABB그룹의 현지화 방식

여기에서 시야를 좀 더 확대하여 중국 내 유럽계 다국적기업의 현지화에 대해 알아보고자 한다. 중국 내 중전기분야 다국적기업 중 유럽계 기업의 현지화 정도 및 경영성과가 일본계 및 한국계 기업보다 높다는 것은 많은 시사점을 주고 있다.

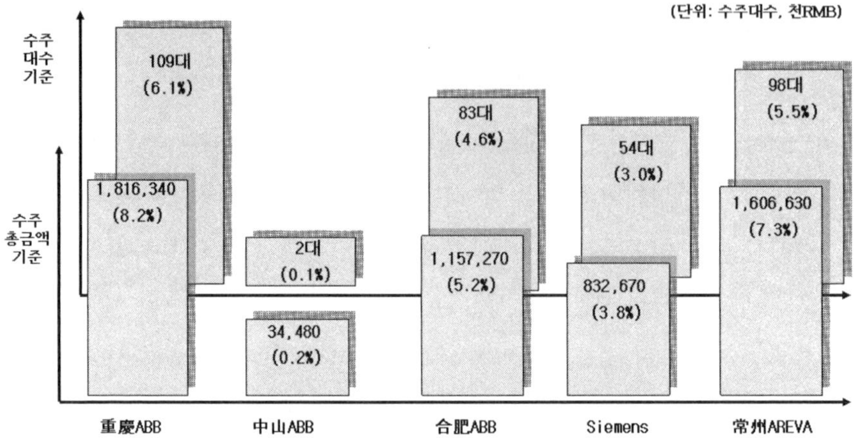

〈그림 3.6.2-1〉 2009년 중국 Joint Venture 국가전망공사 실적

자료: 2009년 중국 국가전망공사 입찰정보 발표자료를 근거로 종합

〈그림 3.6.2-1〉은 2009년 중국 내 Joint Venture 변압기 제작업체의 실적을 보여주며 중국 내 중전기산업의 대표적인 경영성과 지표인 중국 국가전망공사(State Grid)의 낙찰 실적을 보여준다. 국가전망공사는 중국 전력산업을 기획하고 관리하는 전력산업의 최고권위기관이며 포천이 발표하는 글로벌 500대 기업 중 하나이다.

그러면 현지화를 가장 잘하고 있다는 스위스계 다국적기업인 ABB[161]는 일본계 기업 또는 한국계 기업과 비교할 때 인사부문의 현지화에서 2009년까지 어떤 전략을 추구하였는가?

161) 원래는 스웨덴계 기업이었으나 지금 현재 ABB 본사는 스위스에 있음.

ABB그룹은 당시 중국 내 법인에서 부총경리, 총공정사와 같은 고위층의 계층이 없으며 부과장제를 사용하고 있어 '총경리 부총경리 부장 과장 주관 조리 사원'의 형태를 취하는 일본 및 한국기업에 비해 '총경리-경리(또는 주관, 조리)-사원'의 형태로서 더욱 플랫(flat)한 조직구조와 운영방식을 보여주고 있었다. ABB에서 주관과 조리는 직위이지 직급이 아니기 때문에 단지 직급수준 만을 보여주고 있는 것이며 실제 부서 내 계층은 '경리(manager)-사원'의 형태를 보여주고 있었다.

ABB는 익년의 급여조정, 연말 상여금, 승진여부를 결정하기 위해 평소부터 잘 정리된 실적을 가지고 평가하며 이에 따라 전년 실적, 품질, 안전, 행위의 합격성 여부, 팀워크에 의해 공정하게 평가하고 직원에게 피드백(feedback)을 해주며 평가 등급별(A, B, C, D)로 연말상여금과 급여인상폭이 달라지며 이는 호봉표에 따라 결정되는 것이 아니었으며 등급별로 연말상여금은 1개월 급여의 일정비율을 지급하며 급여인상은 전년도 연봉을 기준으로 A, B, C, D 등급별로 인상폭을 달리 결정하고 A등급은 최대 C등급대비 3배까지 급여 인상비율이 결정되었다. 승진인원은 평가에서 A등급을 받은 인원들 가운데 선발되었다. 승진은 1년에 1회가 원칙이나 우수인원에 대해서는 6개월에 한번 이루어 질 수도 있었다.

여기서 강조하고자 하는 것은 유럽계회사[162]들이 중국에서 현지화를 잘할 수 있는 요인 중 하나는 이들이 연공서열에 구애 받지 않고 호봉에 따른 급여인상과 승진이 아니라 유연하고 실적과 능력에 따른

162) 올레 해드크비스트 저, 이규원 역, 『바이킹경영학』, 경기 파주: 들녘출판사, 2000.

급여인상과 승진이 이루어 질 수 있었다는 점이다. 특히 ABB는 2015년 중국 내 외자기업을 대상으로 한 '2015년 외자기업경쟁력보고서'에서 종합경쟁력 3위, 전략경쟁력 1위로, 또한 현지화경쟁력에서도 선두권에 포함되는 것으로 나타나 강력한 경쟁력을 보여주었다.[163)]

이외에도 ABB는 책임이 크고 공헌도가 큰 사람에게 더 큰 급여보상, 급여인상, 승진기회를 줄 수 있는[164)] 유연한 체계와 분명한 철학을 가지고 있고 이러한 철학이 더 높은 급여, 승진을 통해 자신의 가치를 보여주고 이러한 방식으로 개인의 공헌도와 몰입도가 높아질 수 있는 중국 현지의 상황에도 잘 적응을 하였다는 측면이다. 이는 안종석 외(2008)가 제시한 리(理)의 영역과도 정확히 부합되는 부분이다.

〈미니 사례 3.6.2-3〉 노무라종합연구소의 중국 내 인사관리 현지화를 위한 제언

현지 채용인력의 보상문제에 대해 마쯔노 유타카는 다음과 같은 의견을 제시하였다. 대부분의 경우에 일본계 기업의 인사제도를 살펴보면 판단기준이 명확하지 못한 경우가 많다. 예를 들어 노력한 사람이라는 뜻의 '땀을 흘린 사람'과 실적을 많이 낸 사람이라는 '주문을 많이 받은 사람' 중 어느 쪽을 높게 평가할 지는 기업의 사업전략에 따라 달라질 것이다. 그러나 일본계 기업은 그때의 전략에 관계없이

163) 赫優訊, "ABB榮膺"2015外資企業在華競爭力十強", 『中國儀器儀表』, 2016年 第2期, 2016."

164) 曾仕強, 『在中國如何當領導』, 中國: 北京大學出版社, 2009.

어느 한쪽의 기준을 고집하는 것 같다.[165)] 본래 일본계 기업의 이러한 균형을 중시하는 경영방식은 환경변화에 강한 면이 있다. 그러나 중국인의 입장에서 보면 경영관리의 기준이 되는 정책이 없는 것처럼 보일 수 있다. 자신이 긍정적으로 평가 받기 위해서 무엇을 어떠한 방식으로 하면 좋은지 알기 어렵다면 단기적 성장을 지향하는 중국에서는 '일하려는 의욕이 부족한 기업'이라고 인식될 수도 있다.

6.3 기능(Skill)의 이전과정 생산 및 기술부문의 현지화

생산 및 기술부문에서 현지화를 진행하기 위해 겪게 되는 가장 어려운 문제는 우수한 생산관리인력의 부족, 품질수준 제고 필요, 현지 중간관리자 및 일선 작업자의 수준제고 등이다. 특히 중국 내 투자업체 현지채용인력 중 가장 많은 비중, 일반적으로 50% 내외를 차지하며 각 관련부서와의 연계와 협조가 상당히 중요하기 때문에 우수한 생산관리자와 중간관리자 그룹이 대단히 중요하다. 설계, 생산, 제작기술, 품질관리 분야 등 다양한 분야와 관련이 되기 때문에 현지화를 진행하는 방법 및 철학 또한 복수의 방식이 존재할 수 있다.

첫째로 본사의 기술이 표준화된 방식으로 현지에 제시되어 이러한 제작기술이 중국 현지에서 '작업표준[166)]'이라는 형태로 제시되며 이는

165) 마쯔노 유타카(松野 豊, 『중국시장에서의 성공을 위해 필요한 경영력』, 노무라 종합연구소 NRI IT solution, 제22권 제7호, 2005.

166) 이는 작업 공정별로 대단히 구체적이고 자세하게 작업의 방법과 기준이 제시

현지기업의 직원으로서 반드시 지켜야 하며 일정횟수 이상을 지키지 않을 경우 품질관련 처벌규칙에 따라 회사를 떠나게 하는 강력한 방법이다. 이는 본사가 기술과 관련하여 이니셔티브를 가지고 잘 정리된 작업 매뉴얼이 제시될 수 있는 경우에 사용될 수 있다.

실제로 한국의 모기업이 대단히 구체적이고 잘 정리된 설계, 제작기술, 생산의 작업표준 또는 작업 매뉴얼을 가지고 있는 경우는 제한적이기 때문에 본사가 이니셔티브를 가지고 구체적인 작업표준을 제시하기 위해서는 본사의 노하우, 제작관련 경험을 체계적으로 상세하게 정리할 필요가 있다.

둘째로 본사의 기술과 현지 기술이 융합되어 본사의 기술적 바탕에서 현지의 특수한 환경과 요구사항에 더욱 잘 적응되어 본사의 제작기술, 작업표준과는 다소 다른 형태로 이루어지는 것이다. 한걸음 더 나아가 중국 현지에서 중국 현지 기업의 해당 제품의 설계, 제작 실적이 이미 대단히 많은 경우 매우 우수한 기술관련 전문가를 초빙하여 총공정사(總工程師)[167]라는 직무를 통해 기술과 생산체계를 잡아가는 방법이다.

셋째로 중국 내에서의 생산관련 부문 간의 업무분장이 한국 모기업과는 다소 다르게 나타나기 때문에 이에 적합한 생산부문 조직이 이루어져야 하며 이들 관련부서의 기능도 한국 모기업과는 다르게 이루어져야 한다. 우선 생산관련 부문 간의 업무분장은 한국 모기업은 설

되는 작업의 기준임.

167) 기술, 설계 및 생산 등 분야를 종합 관장하는 부총경리급 기술인력임.

계부서와 제작부서간의 의사소통 중 설계부서가 주도권을 가지고 지도하고 대부분의 제작과정 중 생기는 문제를 해결한다. 이에 비해 중국 내 현지기업은 설계부서의 설계도면이 제작부서에서 제작이 이루어지기 전에 그리고 제작이 이루어지는 과정 중 제작기술부서[168)]가 설계도면을 검토하여 의견을 제시하고 필요하면 설계도면을 수정하기도 하며 제작과정 중 설계도면이 어떻게 구체적이고 효율적으로 생산된 제품으로 바뀔 수 있는지에 대한 방법론을 제시하고 문제를 해결한다. 또한 이들 공예부서는 주도권을 가지고 생산 및 기술 분야에서 많은 적극적인 활동과 개선을 수행하는 방식도 제시하고 있다.

넷째로는 품질관련 부서가 품질검사부서와 품질보증 부서로 나누어 현지화가 진행이 될 수 있다. 품질보증부서(quality assurance)와 품질검사부서(quality inspection)는 각각 품질보증체계와 품질검사를 담당한다. 이 두 개의 부서는 상호 보완하고 견제하는 역할을 하게 된다. 품질검사 부서는 제품의 제작 공정 중 중간검사, 작업자에 의한 자주검사, 제작이 끝난 후의 최종검사로 나누어 품질검사를 수행한다. 이러한 과정 중 중국 현지 중간관리자와 작업자의 특성상 동료의 잘못을 드러나게 하는 정의 영역에 대한 고려 때문에 본연의 업무인 리의 영역 또는 안종석 외(2008)가 제시한 법의 영역에서의 철저한 중간검사가 이루어지기가 힘들며 중간검사와 자주검사에 대한 지속적인 교육과 강력한 시행이 생산관리 영역에서의 현지화에서 대단히 중요한 측면이 될 수 있다.

168) 일반적으로 중국에서는 '공예부(工藝部)'라고 함.

다섯째로 생산 및 기술영역의 현지화를 위해서는 상술한 바와 같이 구체적인 작업표준 제시, 품질관련 규정의 적극적인 시행과 품질마인드에 대한 지속적인 교육, 중간검사 및 자주검사에 대한 교육과 엄격한 실시가 대단히 중요하다. 또한 정, 리, 법의 영역 중 법의 영역인 구체적인 규정을 제정하여 각 직무 별로 설계, 구매, 제작 및 검사 프로세스의 어떤 사람이 책임을 지고 수행하는지를 명기하는 방식을 사용할 수 있다.

6.4 중국 현지 투자기업의 관리력 강화 방안

중국에서의 현지화를 위한 가장 중요한 역량은 현지의 효율적이고 강력한 조직장악력 및 강력한 실행능력[169)]이다. 이에 대해 마쯔노 유타카는 중국 현지기업의 관리력[170)]에 대해 다음과 같은 의견을 제시한다.

"중국시장은 구미(歐美)시장 이상의 '외국시장'이다. 당연히 시장에서 승리하기 위해서는 적절한 기업경영방식(governance)이 필요할 것이며 경쟁이 치열한 중국에서 일본 본사의 통제를 적용한다면 분명히 한계에 부딪히게 될 것이다. 지금 중국계 일본기업에게는 외부의 변화나 압력에 동요되지 않는 진정한 '경영력'이 요구되고 있다. 중국사업에서 겪는 난관은 기업의 '경영력'이 무엇인지를 다시 검토하는 좋은

169) the ability of execution를 의미하며 일사불란한 통솔력과 관철능력을 포함함.

170) 여기서는 경영력, 즉 corporate governance의 한 의미라고 이해할 수 있음.

기회라고 생각한다."

우선 아래의 〈그림 3.6.4-1〉와 같이 관리력[171]의 내용을 구체적으로 제시하며 중국 현지 투자기업이 조직장악능력과 강력한 실행능력을

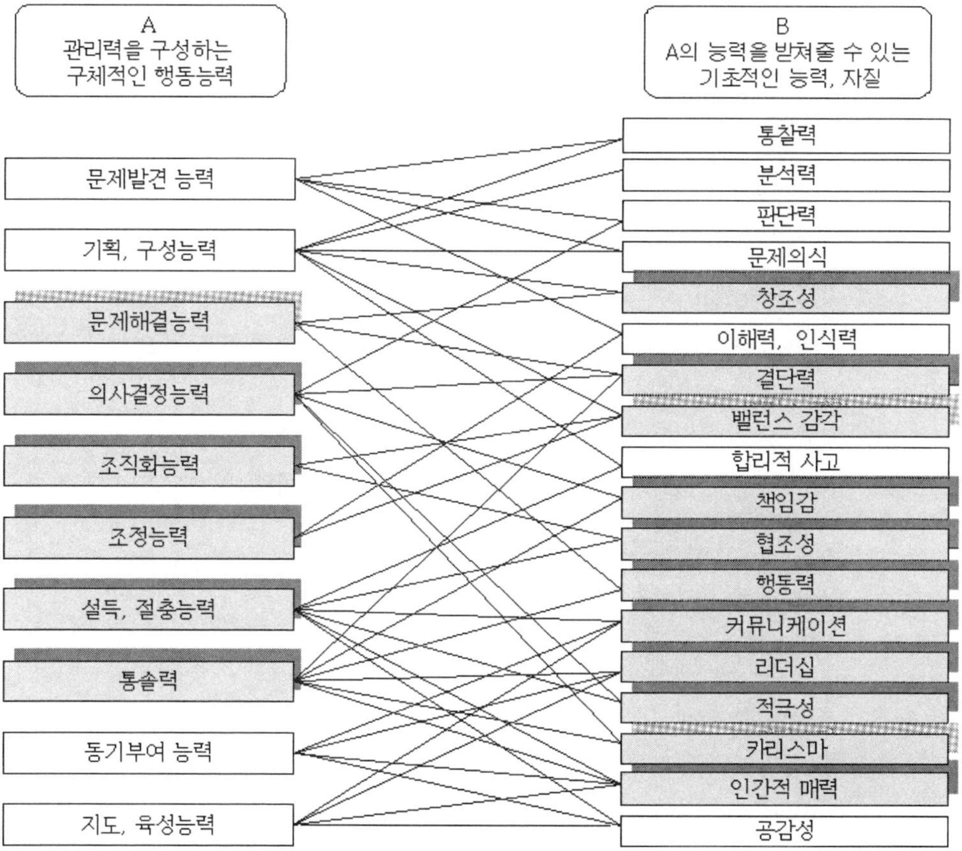

〈그림 3.6.4-1 종합적인 관리력을 구성하는 각종 능력〉

자료: 한국인재경영연구회(2007)

171) 한국인재경영연구회, 『관리력: 107의법칙』, 서울: 경영자료사, 2007.

포함한 관리력을 강화하기 위해서는 어떠한 능력을 강화해야 할 것인지 알아보고자 한다. 특히 초기단계에서 조직장악력과 실행능력을 극대화시키기 위해 〈그림 3.6.4-1〉 중 그림자로 표시한 A부분의 행동능력과 B부분의 능력, 기질이 매우 중요한 역량으로 요구된다.

이를 위해 중국 현지에서 장악력 및 집행력을 극대화할 수 있는 방법을 체계적으로 살펴보고자 한다.

첫째로 그린필드 형태 및 인수합병 후의 현지투자 이후의 현지화를 위한 턴어라운드(turnaround)[172]를 성공적으로 수행할 수 있는 요인을 살펴보도록 한다.

턴어라운드(turnaround)를 성공적으로 수행하기 위한 요건은 다음과 같다.[173]

① 과감하고 신속한 행동을 취할 수 있는 강력한 리더십

② 타이트(Tight)한 관리 및 재무시스템

③ 효과적인 턴어라운드(turnaround) 계획

④ 경쟁력 있는 핵심사업의 구축

⑤ 충분한 브리지 금융

⑥ 종업원의 동기부여와 긍정적 사고

이와 동시에 턴어라운드에 적합한 리더의 상은 다음과 같다.

---

172) 구조조정 조직개혁 경영혁신을 통해 실적 개선 등이 이뤄진 넓은 의미의 기업 회생을 의미하거나 이러한 실적개선을 의미함(애플경제 사이트, http://www.applen.or.kr, 검색일: 2019년 7월 12일).

173) 이승주, 『전략적 리더십』, 서울: Sigma Insight, 2005.

① 강인한 마음자세를 가지고(tough minded) 행동지향적임

② 시간적 제약을 받음에도 불구하고 뛰어난 현실진단 및 분석능력

③ 사업가적 자질과 폭넓은 비즈니스 경험

④ 효과적인 커뮤니케이션 및 협상스킬

⑤ 신속한 실행능력(fast implementation skills)

⑥ 과중한 업무에도 불구하고 일을 성취해 내는 능력

⑦ 사람들의 사기를 진작시킬 수 있는 긍정적인 자세와 자신감

둘째로 상술한 요건과 리더의 역할을 바탕으로 한 준비가 끝나면 단계별로 중국인의 문화와 가치관에 적합한 방법을 통해 단계별로 장악력 및 집행력을 극대화하여야 한다.

쉬이엔(許燕)은 중국인의 문화적 배경과 사고방식을 고려할 때 단계별로 법가 사상, 유가 사상 및 법가 사상의 3단계에 의한 통제가 이루어 질 수 있다는 관점을 제시하였다.[174)]

첫번째 단계는 중국 법가 사상에 의한 강력한 통제가 필요한 시기이다. 이 단계는 약 6개월에서 1년이 필요하다. 그린필드 또는 중국 현지기업 인수합병 이후 일반관리 능력, 기능적 능력의 이전이 이루어지는 기간이다. 여기에서 기능(skill)의 이전은 모기업의 우수한 기능을 바탕으로 또는 모기업의 기능과 현지의 특성, 우수한 방식을 결합하여 기능의 이전을 통하여 경쟁력을 강화하는 방식으로 조직학습의 과정이 이루어진다. 기능은 설계, 생산, 품질, 구매 및 영업 등 직능부문의

174) 許燕, 『中國式控制力』, 中國: 中國致公出版社, 2006.

경쟁력을 강화할 수 있는 능력이다.[175)]

일반관리 능력(general management skill)의 이전은 기업이 보유한 자원과 기능적 능력을 유기적으로 결합하고 효과적인 관리를 할 수 있는 능력으로서 한 기능분야에만 속하지 않는 기업운영의 전반적인 노하우를 이전하는 과정으로 능력 있는 경영자 및 관리자를 확보하여 이들에게 모기업의 일반관리 능력 및 관리노하우를 이전하고 이들이 모기업의 일반관리 능력 및 관리노하우를 이전할 수 있도록 하여야 한다.

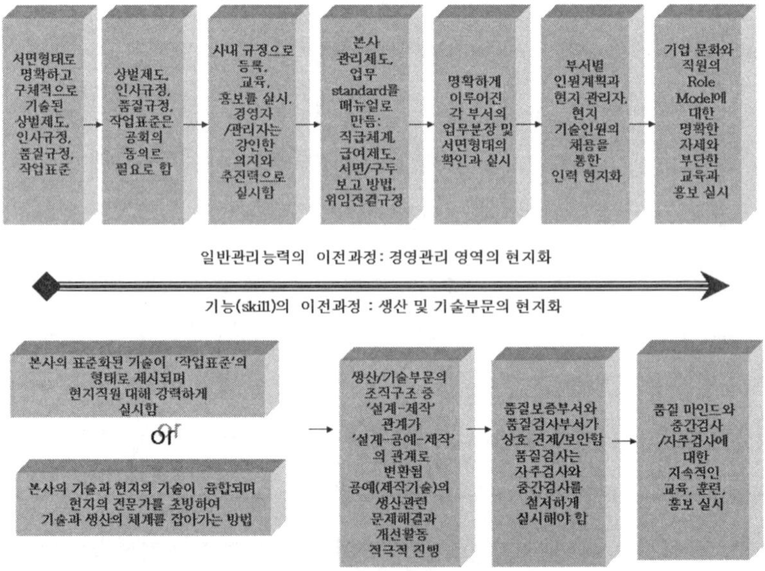

〈그림 3.6.4-2〉 일반관리 능력의 이전과정 및 기능의 이전과정

자료: 저자 직접 정리

---

175) 문철우 외, 『합병 후 통합전략』, 서울: 서울경제경영출판사, 2007.

〈미니 사례 3.6.4.-1 마오쩌동의 법가사상 및 유가사상에 대한 평가〉

법가사상과 유가사상에 대해서는 마오쩌동이 다음과 같은 평가를 한 적이 있다. "중국역사 가운데에서 가치 있고 실질적인 일을 가장 많이 한 것은 진시황이고 공자는 이상적인 말을 많이 했다. 수천 년 동안 형식적으로는 공자의 방식으로 많은 일을 한 것으로 보이지만 실제적으로는 진시황의 방식으로 일을 한 것이다."[176)]

이러한 의견에 대해 저자는 중국의 사회적 전통과 문화적인 측면을 보게 된다면 법가사상이 실질적이고 효과적이겠으나 유가사상이 가지고 있는 가치관과 그 방법론 또한 많은 가치를 가지고 있다고 본다. 법가사상과 유가사상은 상호 보완적이고 중국 내의 현지화 과정 중 단계별로 구분하여 사용되어야 한다는 의견을 제시한다. 즉 현지화 초기 단계에 있어서는 법가사상에 기초하여 강력하고 명확한 규정을 제시하고 이를 반드시 준수하도록 요구하여야 한다. 현지화 상당히 진전된 이후에는 보다 인간적이고 인본주의적인 유가사상에 의한 관리가 이루어져야 하며 현지화가 일정한 궤도에 오른 뒤에는 도가의 무위적인 관리가 필요하다.

세 번째 단계의 무위적인 관리는 관리가 필요없다는 의미가 아니며 중국 관리자 및 직원의 특성 상 명확한 업무분장에 따른 책임과 권한의 위임이 필요하며 고위층이 모든 주요업무에 전면으로 나서게 되면 이러한 방식 하에서는 고위층의 업무에 어려움이 매우 커질 수 있으며 회사 전체의 비전과 목표를 위해 준비하고 각 부문 간 조율을 보

176) 陳晉, 『毛澤東之魂(修訂本)』, 中國: 中央文獻出版社, 1997.

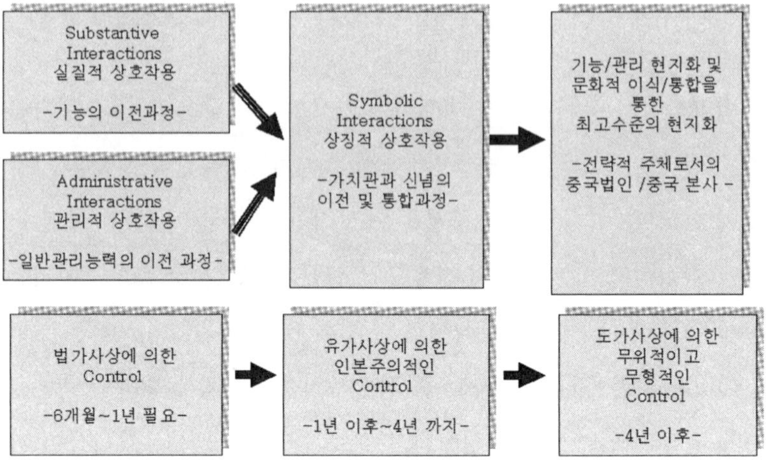

〈그림 3.6.4-3〉 중국 현지 투자기업의 현지화 과정
자료: 저자 직접 정리

이지 않게 하여야 할 고위층이 이러한 시간적 여유를 가지지 못하게 된다는 것을 의미한다.

1) 법가 사상에 의한 통제 단계

법가사상은 다음의 3가지 측면의 이상을 추구한다. 첫 번째는 '법(法)'의 측면이다. '법'의 측면은 성문화된 규정을 따라 표준화된 업무가 진행되며 무원칙적이고 임의적인 업무진행을 방지하고자 하는 것이다.

다음 3개 부분은 한비자의 식사편, 해로편, 남문편 중의 법가 사상에 의한 통제에 대한 언급이다.[177]

177) 韓非,『韓非子』, 中國: 內蒙古人民出版社, 2008.

明法者强, 慢法者弱
법을 명확히 하는 국가는 강성해지며 법률체계를 태만하게 여기는 국가는 쇠약해진다. (한비자 식사편)

故欲成方圓而隨其規矩, 則万事之功形矣
그러므로 방형과 원형을 그리려고 할 때는 법칙(규칙, 논리적인 근거)을 따라야 하며 이렇게 되면 모든 사물 본연의 효과가 나타나게 되는 것이다. (한비자, 해로편)

人主使人臣雖有智能, 不得背法而專制 ; 雖有賢行, 不得逾功而先勞 ; 雖有忠信, 不得釋法而不禁, 此之謂明法
군주는 신하가 지혜와 능력이 있다고 하더라도 법규를 위반하여 전제정치를 하게하면 안 된다. 신하가 어진 인품과 행실을 가진다고 해도 다시 공을 세우기 전에 이에 대한 포상(보상)을 하면 안 된다. 신하가 충성스럽고 진실한 품성을 가지고 있다고 해도 법률과 기강을 버리고 이러한 속박을 벗어나면 안 된다. 이것이 법을 밝히는 것이다. (한비자 남문편)

중국 현지투자 기업의 현지화 과정 중 가장 중요한 초기단계의 업무는 사내 규정을 명확하고 구체적으로 공포하고 공회의 확인 과정을 거쳐 이를 교육하고 엄격하게 실시하는 것이다. 초기단계에 실시하여야 할 규정은 상벌규정, 재무규정, 인사규정,[178] 위임전결규정, 품질관련 상벌규정, 작업표준 등이다. 이들 규정 중 상벌규정, 포상규정,[179] 연수규정 등은 중국 직원의 실제이익과 관련되므로 공회의 확인 절차를 거

178) 직급, 급여, 포상, 승진 및 연수 관련 규정을 포함함.

179) 인사 및 품질 관련 포상규정을 포함함.

쳐 중국 직원에게 공시하는 절차를 밟아야 한다.

위임전결규정은 업무의 권한이 직급별로 위임되어 사안별, 금액별, 분야별로 명확한 책임과 권한의 소재를 알 수 있도록 하여 책임감 있고 소신 있는 업무처리가 이루어질 수 있게 하는 제도이다.

작업표준은 현장의 작업이 규정된 정확하고 구체적인 프로세스 및 요구사항에 따라 이루어 질 수 있도록 하며 이러한 작업표준에 따라 작업이 이루어지지 않는 경우에는 강력하고 단호하게 이를 제지하고 교육하여야 한다. 만약 수차례 작업표준에 따른 작업이 이루어 지지 않는 경우는 품질관련 상벌규정에 따라 엄격하게 처리해야 하고 경우에 따라 회사를 떠나게 하거나 타 직무로 발령시키는 조치를 취하여야 한다. 법가사상의 중요한 핵심사상은 명확한 상벌제도의 운영이다.

한국기업의 온정주의 정서 상 명확한 상벌이 이루어지고 부적응자 또는 엄중한 규정 위반자에 대한 정리가 어려울 수도 있으나 이는 현지화 최기 단계에 있어 규정과 작업표준을 준수하고 기강을 지키며 조직과 현지 직원에 대한 장악력을 강화하기 위해서는 이러한 노력이 매우 중요하다. 또한 중국인의 정서 상 중국인은 개혁보다는 개선을 중요하게 여기고 일선작업자 또는 일선직원일수록 실질적인 이익에 의한 반응이 뚜렷하기 때문에 객관적인 평가가 이루어지는 전제 하에서 우수한 일선직원 또는 공로가 있는 일선직원에 대한 포상 또한 매우 중요하다.

이외에도 이러한 '법'의 측면에 의한 관리는 시대의 흐름, 환경의 변화에 따라 규정에 수정을 강조하는 측면을 가지고 있음을 밝혀둔다.

둘째는 '술(術)'의 측면이다. 여기서의 '술(術)'의 측면은 용인술(用人術)을 말하며 이는 고위층이 실무자에게 업무적으로는 위임하며 이들 실무자를 관리하는 '용인(用人)'에만 집중하면 된다는 것이다. 또한 여기서 이야기하는 용인술은 필요시 사용하게 되는 정치적 수단을 말하는 것이다.

셋째는 '세(勢)'의 측면이다. '세'의 측면은 규정 집행자를 강조하는 것으로 최고권력자의 절대적인 권위를 의미한다. 법가 사상은 중앙집권적인 정치체제를 이용하여 관리력 및 집행력을 극대화하였던 것이다. 중국 현지 투자기업은 현지화 초기 단계에서 강력하고 효과적인 조직 장악과 관리력 강화를 위해 법가사상의 '법', '술', '세'의 측면을 활용할 수 있으며 관리의 현지화를 통하여 조직의 성과와 효율성을 높일 수 있다. 그러나 이러한 법가사상에 의한 관리는 초기단계에 주로 이루어져야 하며 현지화가 상당히 이루어진 후에는 더욱 인본적인 유가사상에 의한 관리행위가 이루어져야 한다.

2) 유가 사상에 의한 인간적인 통제 단계

다음 단계는 중국 유가 사상에 의한 인간적인 통제가 필요한 시기이다. 첫 번째 부분은 '덕(德)'과 '예(禮)'에 의한 통제의 개념이다. '덕'과 '예'에 의한 교화 또는 감화를 중시하며 이는 잘못이 발생한 후에 이루어지는 처벌이 아닌 잘못을 하기 이전에 이루어지는 교육과 감화의 개념이다. 다음으로는 '덕'에 의한 내부적인 통제(修己)과 '예'에 의한 외부적인 통제가 결합된 개념이다. 마지막으로는 극기복례(克己復禮)의 노력을 통한 개인의 통제와 사회적인 교화를 통한 사회 다수의 통제가 결합된 개념이다.

공자는 다음과 같이 논어에서 '덕'과 '예'의 측면에 의한 관리방법을 제시했다. 다음은 논어 위정편 중 '덕'과 '예'에 의한 관리를 서술한 부분이다.[180]

> 道之以政, 齊之以刑, 民免而無耻；道之以德, 齊之以禮, 有耻且格.
> 정치제도에 의해 국가를 통치하고 형법에 의해 사람들을 다스리면 사람들은 잠시 죄과를 피하기 위한 노력만을 하게 될 것이다. 만약 도덕으로서 통치 또는 감화하고 예의에 의해 사람들을 다스린다면 사람들은 수치심과 반성하는 마음으로 올바른 행동을 하게 될 것이다.(논어 위정편)[181][182]

상술한 바와 같이 유가사상과 법가사상은 상호 보완적이며 실제상황과 단계에 따라 다르게 사용되어야 한다. '수신-제가-치국-평천하(修

180) 丁紀,『論語讀詮』, 中國: 巴蜀書社, 2005.

181) 政刑(법가사상)과 德禮(유가사상)에 대한 주자의 평가는 다음과 같다. 政者, 爲政之具。刑者, 輔治之法。德禮則所以出治之本, 而德又文之本也。此其相爲終始, 雖不可爲偏廢, 然政刑能使民遠罪而已, 德禮之效, 則有以使民日遷善而不自知, 故治民者, 不可徒恃其末, 又當深探其本也。정(政)이라는 것은 정치하는 도구이며 형(刑)이라는 것은 정치를 보좌하는 법규이다. 덕과 예는 정치를 내는 근본이고 덕은 또한 예의 근본이다. 이들은 서로 끝과 시작이 되는 것이므로 어느 한쪽을 폐할 수 없다고 하여도(즉 德禮만 있고 政刑이 없으면 온전한 정치가 이루어 질 수 없으며) 政刑은 백성들이 죄를 무서워하고 멀리하게 할 뿐이다. 德禮의 효과는 백성들이 자기도 모르게 선으로 옮겨가는 것이다. 그러므로 백성을 다스리는 것은 그 말단(政刑)에만 의지해서는 안되며 마땅히 그 본질(德禮)에 대해 깊게 탐구하여야 한다.

182) 박헌순 역주,『논어집주 제1권, 제2권』, 서울; 한길사, 2008,

身齊家治國平天下)'의 단계에서 보는 것처럼 고위층의 모범에 의해 더 많은 사람들을 이끌고 이를 통해 다시 감화시키고 바람직한 가치관과 사고방식을 가진 사람들을 더욱 격려하는 일련의 과정을 포함하고 있는 것이다.

두 번째 부분은 유가사상에 의한 통제의 목적이다. 법가사상에 근거한 통제가 사후에 이루어지는 강력한 처벌을 통한 기강의 강화를 중요시한다면 현지화가 일정 수준 이루어진 후에 이루어져야 할 유가사상에 의한 통제는 조직구성원이 잘못을 하기 이전에 이루어져야 할 교육과 감화가 그 주요한 목적이다.

이는 내부의 도덕적인 통제와 외부의 합리적인[183)]통제를 결합하는 것으로 보다 근본적이고 장기적인 관리력과 조직장악력을 가지게 된다.

유가사상에 의한 현지화를 실현하기 위해 고위층, 현지 파견 간부, 중국 현지채용 간부 모두가 모범을 보이고 자신의 행동을 통해 기업의 문화와 가치관을 계속 전파하고 인재상을 수립하여야 한다. 이들의 바람직한 행위를 통해 현지의 직원들이 감화를 받고 이들의 회사의 문화와 규정에 적합한 가치관과 행위는 더욱더 강화되는 과정을 겪는 것이다. 중국에 투자한 한국기업 중 대기업의 문화와 업무방식이 현지에서 더욱 잘 받아들여진다는 점이 이를 설명한다고 볼 수 있다.

'예'와 '덕'의 측면을 충분히 고려하여 이러한 측면에 근거하여 조직의 역량을 이용하여 바람직한 가치관을 조직구성원에게 주입시키고 응집력을 강화하는 방법은 중국 전통사회에서 현대 중국사회에 이

183) '예'의 측면: 중국에서 '예(禮)'의 의미에는 이치(理)의 의미를 포함함.

르기까지 대단히 효과적인 방법이다.

이는 〈그림 3.6.4-3〉에서의 두 번째 단계인 가치관과 신념의 이전과 통합과정을 말하며 그린필드 기업 설립 또는 인수합병 이후 1년째부터 4년째까지의 과정에 해당한다고 이해할 수 있다.

중국 현지투자 기업은 조직 내의 각종 조직을 이용하여 조직구성원이 가치관을 받아들일 수 있도록 하는 노력을 하여야 할 것이다. 이러한 현지파견 간부와 중국 현지 채용 간부의 바람직한 행위는 조직구성원을 감화시키고 높은 기준을 제시할 뿐 아니라 이들의 행위가 바람직한 행위이기 때문에 향후 조직의 변화를 추구할 때 이들 우수한 간부를 통한 변화의 추구는 변화에 대한 훌륭한 명분을 제공할 수도 있게 된다.

공자의 75대 손인 공건은 화(和)를 이해하여 주위와 화합하면서 예를 바탕으로 하여 이것을 절제하고 실현해야 한다고 주장하면서 '예(禮)'와 '화(和)'를 경영의 취지로 삼으라는 의견을 제시한다. 공건은 자본을 구하기는 쉬울 수 있으나 인재를 구하기는 더욱 어렵다는 말과 같이 조직 내에서의 사람의 가치가 나날이 높아지는 가운데 자신이 소속된 기관을 존속시키고 발전시키기 위해 서 관리방식을 개선해야 하겠지만 그것보다 현재의 기업문화에서 직원들의 행동을 잘 관리하면 직원들의 상상력과 창조력은 훨씬 더 잘 발휘될 것이라고 주장한다. 그는 관리방식이 어느 정도 궤도에 오른 다음 단계에서는 인간적이고 관리자의 솔선수범과 가치관을 중요시하는 유가적인 통제가 더욱 필요하다는 점을 강조한다.[184)]

184) 공건 저, 안춘식 역, 『인간존중경영』, 서울: 지식여행, 2001.

3) 도가사상에 의한 무위적인 통제 단계

마지막 단계는 중국 도가사상에 의한 무위적인 통제가 필요한 시기이다. 먼저 도가사상에 의한 통제의 개념을 살펴보도록 하겠다. 도가사상에 의한 무위적인 통제는 일종의 무형의 통제이다. 이는 물적 제도적 측면에 대한 유형의 통제에 상반되는 무형의 통제를 의미한다. 물적 관리, 제도적 관리가 엄밀하게 이루어졌음에도 불구하고 여전히 제도의 한계를 이용하거나 유형적 통제를 피하려는 사람들이 존재한다. 이러한 중국적 특수상황에 대응하여 사람에 대하여 이루어지는 무형의 통제가 바로 도가사상에 의한 관리이다.

도가사상의 통제는 '무위(無爲)에 의한 다스림은 무형의 다스림 또는 자연, 또는 자연법칙에 순응한 다스림으로서 이러한 다스림에 의하면 천하가 태평해 질 수 있고 결과적으로 무엇이든 순리적으로 다스릴 수 있다(爲無爲則無不治, 도덕경 3장)'는 개념이다.[185]

여기에서의 무위적인 무형의 통제는 단지 일을 하지 않는다(不爲)의 개념이 아닌 무위의 입장에서 불위가 없도록 하는 것(無不爲)이다. 실제로 중국에서 현지화가 상당히 잘 되어 있는 유럽계 다국적 기업의 현지 최고경영자들은 상당수가 이러한 무위적인 또는 무형의 관리를 하고 있다.[186] 이들 최고 경영자들은 구체적인 관리, 지시보다는 무형의 통제와 경영을 하고 있으며 실제의 구체적이고 루틴(routine)한 대부

185) 張其成, 『張其成講讀 '老子'－大道之門』, 中國: 廣西科學技術出版社, 2008.

186) 올레 해드크비스트 저, 이규원 역, 『바이킹경영학』, 경기 파주: 들녘출판사, 2000.

분의 업무는 현지에서 채용한 경리급(부장급) 관리자에 의해 상당히 높은 수준으로 이루어지고 있다. 이들은 평소에는 상당한 시간을 가지고 스스로 장기적인 발전과 비전에 대해 생각할 수 있으며 무형의 통제와 조율에 의한 관리를 하고 있는 것이다.

노자는 도덕경에서 다음과 같이 무위적인 통제에 대해 서술하였다.

> 太上, 下知有之；其次, 親譽之；其次, 畏之；其下, 侮之
> 가장 훌륭한 지도자(최고경영자)는 그의 존재를 알지 못하는 지도자이며 그 다음은 친근하게 하고 찬미하는 지도자이며 그 다음은 두려워하는 지도자이며 그 다음은 업신여김을 당하는 지도자이다. (도덕경 17장)

> 道常無爲, 而無不爲.侯王若能守之, 萬物將自化.化而欲作, 吾將鎭之以無名之朴.無名之朴, 夫亦將不欲.不欲以靜, 天下將自定.
> 도는 무위(無爲, 어떤 일도 하지 않은 것, 이는 하면 안 되고, 할 수도 없고 하려고 하지도 않고, 할 필요도 없는 것을 의미함)이다. 하지 않아도 되는 일에 시간과 역량을 들이지 않기 때문에(만물의 도리를 간섭하고 방해하려고 행하지 않으므로) 하는 일마다 비교적 잘 수행해내게 된다. 제후와 군왕이 하지 않아도 되는 일을 하지 않는 도리를 지켜나간다면 만물은 스스로 생기고 육성되며 교화되고 성장하며 정상적인 법칙과 기대에 맞게 된다. 만물이 일정 수준에 이르게 되면 생각이 생겨나게 되며 이러한 저러한 욕망이 생기게 된다. 나는 이름이 없는 순박함으로써 이를 제약하고 속박한다. 이렇게 만물을 이름이 없고 정의가 안된 원초적인 상태로 돌아가게 한다. 원래의 소박함으로 돌아간 후에는 사사로운 욕심이 없어진다. 사사로운 욕심이 없으면 힘들게 할 필요가 없으며 천하는 자연히 안정적이고 질서를 찾게

되고 장기적으로 안정되게 다스려진다. (도덕경 31장)

두 번째 측면은 도가사상에 의한 통제의 목적이다. 도가사상에 의한 무위적인 통제는 경영자 및 관리자를 없애거나 이들의 자격을 취소한다는 의미가 아니며 이들 경영자 및 관리자의 수준을 지금보다 높여주고 일선직원들의 수준도 높여 이들이 자신의 고유업무에 대해 스스로 관리하고 책임질 수 있도록 하고 경영자와 관리자는 기업의 미래와 전략적인 업무, 비전에 대해 생각하고 더욱 수준 높은 관리업무를 할 수 있도록 하자는 목적을 가지는 것이다. 이 단계 이후로는 소수의 본사 파견 고위층이 상당한 현지화가 이루어진 현지법인에 대한 무형적이고 무위적인 통제를 수행하게 된다.

게르스트너(Ansgar Gerster)는 "리드하는 것이지, 지배하는 것이 아니다(Leading, but not ruling: 長而不宰)"라는 생각이 도가사상의 가장 중요한 운영의 기준이라고 주장한다. 게르스트너는 도가의 선현들에 대하여 "영향을 끼치지만 명령하지 않고 안내하되 주장하지 않는다"는 관점을 제시한다.[187)]

게르스트너는 지배적인 지위에 있는 경영자와 관리자는 자신의 권력을 실제보다 작게 보여주기만 하면 되며 실제적인 힘을 반드시 보여줄 필요는 없다고 주장한다. 그는 부하직원에게 더 많은 책임과 함께 더 큰 자유를 주는 방식으로 권한 위양을 더욱 잘 할 수 있는 것이

187) Gerstner, A., 『The Tao of business : using ancient Chinese philosophy to survive and prosper in times of crisis』, Hong Kong : China Economic Review Publishing, 2009.

라고 본다. 즉, 부하직원 들이 업무를 수행하는 과정 중 이들의 업무와 잠재력을 이해하고 부하직원이 성장하게 할 수 있다는 것이다.

게르스트너는 조직의 리더일수록 스스로의 감정의 균형이 이루어져야 하며(emotionally balanced), 이럴수록 문제를 피하거나 해결한 후에 사물을 정상적인 궤도로 옮기기가 쉬우며, 이러한 균형은 효과적인 리더십을 위한 견실한 기초를 제공한다는 의견을 제시한다. 이러한 도가의 사상은 도가사상 중 '상선약수(上善若水: 세상을 살아가는 최선의 방법은 물처럼 처신하는 것이다)', '선리만물이부쟁(善利萬物而不爭: 물은 만물을 이롭게 하면서도 만물과 다투지 않는다)'의 경지를 보여 준다.

이상의 분석결과를 기초로 하여 중국 현지 투자기업의 관리 현지화의 방법론을 제시해 보면 다음과 같다.

(1) 경영관리 분야의 현지화

첫째로 상벌, 인사, 품질 및 작업표준 등 주요규정은 반드시 사전에 잘 정리되고 문서의 형태로 제작되고 기술되어야 하며 상벌, 인사, 품질, 작업표준 등 현지인력의 이익에 직접 영향을 줄 수 있는 규정은 중국 내 노조인 공회(工會)의 동의를 구하는 절차를 거쳐야 한다.

둘째로 사내의 규정에 대하여 교육과 홍보를 하고 이를 강인한 의지와 추진력을 가지고 엄격하게 관철시켜야 한다.

셋째로 본사의 각종 관리제도 및 업무표준에 대해서 체계적으로 정리하여 매뉴얼로 만들어야 한다.

넷째로 각 부서의 업무분장(role & responsibility)이 명확하게 이루어져야 하며 이는 서면자료로서 이루어지고 각 부서의 이에 대한 서면확

인이 이루어져야 한다

다섯째로 부서별 인원계획, 현지 중간관리자 및 고급관리자의 확보 및 육성계획, 설계, 제작기술, 시험 및 품질관리 등 분야의 현지 기술 인력 확보 및 육성계획이 반드시 세워지고 실시되어야 한다.

여섯째로 기업문화와 직원의 업무자세, 롤모델(role model)에 대한 명확한 제시가 이루어져야 하며 이에 대한 부단한 교육과 홍보가 필요하다.

(2) 생산 및 기술 부문의 현지화

첫째로 본사가 기술과 관련하여 이니셔티브를 가지고 본사의 기술이 표준화된 방식으로 현지에 제시되어 이러한 제작기술이 중국 현지에서 '작업표준'의 형태로 제시하여 강력하고 확고하게 실시한다.

둘째로 본사의 기술과 현지 기술이 융합되어 본사의 기술의 바탕에서 현지의 특수한 환경과 요구사항에 더욱 잘 적응된 본사의 제작기술, 작업표준과는 다소 다른 형태가 이루어지며 이러한 현지화된 작업표준을 확고하게 실시한다.

셋째로 중국 내의 제작기술 부문의 특성을 고려하여 설계도면을 제품화하는 제작과정 중 설계도면이 어떻게 구체적이고 효율적으로 생산될 것인지에 대한 방법론을 제시하고 문제를 해결한다. 또한 이들 제작기술 부문이 주도권을 가지고 생산/기술 분야에서 많은 적극적인 활동 및 개선을 수행한다.

넷째로 품질관련 부서인 품질보증부서와 품질검사부서는 각각 품질보증체계와 품질검사를 담당하며 상호 보완하고 견제하는 역할을 하게 된다. 품질검사부서는 중간검사와 자주검사에 대한 강력한 시행을 하게 해야 하며 이 분야의 지속적인 교육이 필요하다.

다섯째로 작업표준 준수, 품질마인드, 중간검사 및 자주검사에 대한 지속적인 교육, 훈련, 부단하고 엄격한 실시가 해야 한다.

(3) 현지화의 3개 단계별 통제 역량 강화에 대한 방법론

첫째로 중국에서의 현지화를 위한 가장 중요한 역량은 현지의 효율적이고 강력한 조직장악력 및 강력한 실행능력(the ability of execution)이다. 이를 위한 턴어라운드(turnaround) 리더는 강인한 마인드를 가지고, 행동지향적이고, 뛰어난 분석능력을 가지며, 폭넓은 비즈니스 경험을 보유하고, 신속한 실행능력과 성취해 내는 능력 및 긍정적인 자세 등을 갖추어야 한다.

둘째로 현지투자 후 6개월~1년간은 법가사상에 의한 통제가 이루어져야 한다. 이 기간 중에는 일반관리 능력, 기능적 능력의 이전이 이루어진다. '법'의 측면은 성문화된 규정과 제도에 따라 업무가 이루어지며 임의적이고 무원칙적인 업무진행을 사전에 방지하는 것이기 때문에 법가 사상에 의한 통제가 이루어지는 단계에서는 품질, 인사, 상벌 및 작업표준 등 규정이 명확하고 구체적으로 공포하고 교육한 후 엄격하게 실시하는 것이다. 이 단계에서는 〈그림 3.6.4-4〉에서 보듯이 고강도의 통제가 필요하며 이는 원칙과 규정에 의한 업무수행과 기강을 세우기 위해 필수적이다.

셋째로 현지투자 후 1년 이후 4년까지의 두 번째 단계는 중국 유가사상에 의한 인간적인 통제가 필요한 시기이다. 유가사상에 의한 통제는 조직구성원이 잘못을 하기 이전에 이루어져야 할 교육과 감화가 목적이며 내부의 도덕적인 통제와 외부의 합리적인 '예(禮)'의 측면에 의한 통제를 결합하는 것으로 보다 근본적이고 장기적인 관리력과 조직장악력을 가지게 된다.

유가사상에 의한 현지화를 실현하기 위해 고위층, 현지 파견 간부와 중국 현지 채용 간부 모두가 모범을 보이고 자신의 행동을 통해 기업의 문화와 가치관을 계속 전파하고 인재상을 수립하여야 한다. 이들의 바람직한 행위를 통해 현지의 직원들이 감화를 받고 이들의 회사의 문화와 규정에 적합한 가치관과 행위는 더욱더 강화되는 과정을 겪는 것이다. 이는 가치관과 신념의 이전과 통합과정이다. 이 기간 동안 통제 강도는 줄어들게 되나 관리 현지화 정도 및 현지관리자 수준은 지속적으로 높아진다.

넷째로 현지투자 후 4년 이후의 세번째 단계는 도가사상에 의한 무형적인 통제가 필요한 시기이다. 도가사상에 의한 무형의 통제는 무형의 관리로서 경영자 및 관리자의 수준을 지금보다 높여주고 일선 직원들의 수준도 높여 경영자와 관리자는 기업의 미래와 전략적인 업무, 비전에 대해 생각하고 더욱 수준 높은 관리업무를 할 수 있도록 하자는 목적을 가지고 있다.

현지관리자를 양성하여 본사 파견 관리자를 점진적으로 대체하기 위해서는 최소 4년 이상의 시간이 필요하며 이에 따라 〈그림 3.6.4-4〉에서 도가사상의 통제단계 중 현지관리자 수준은 더욱 높아지고 통제의 강도는 더욱 줄어들게 되는 것이다.

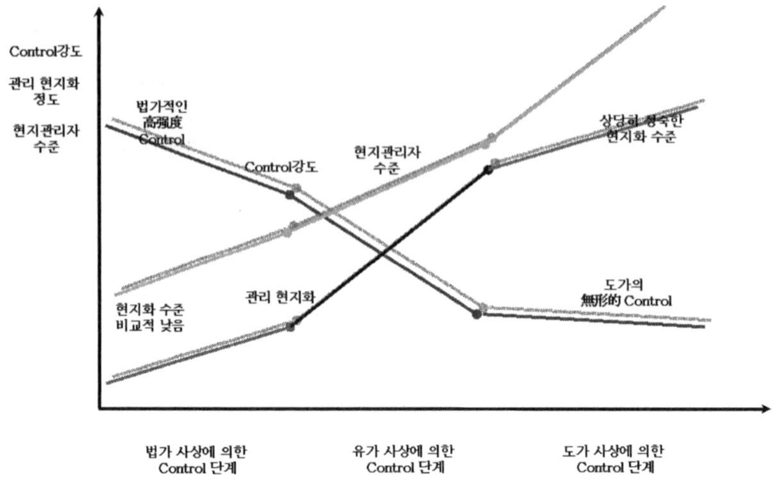

〈그림 3.6.4–4〉 통제강도, 관리 현지화 및 현지관리자 수준의 관계

자료: 저자 직접 정리

이상윤

성균관대학교 통계학과 졸업
중국 山東大學 경제학 석사(국제무역 전공)
중국 北京大學 경영학 박사(국제경영 전공)
(주)효성 및 남통효성변압기유한공사 근무
성균관대학교 현대중국연구소 연구교수 역임
홍익대학교 국제경영학과 초빙교수 역임
호서대학교 중어중국학전공 조교수
davidsangyoun@gmail.com

중국의 기업과 경영

초판 1쇄 발행 _ 2019년 8월 30일

저 자 • 이 상 윤
발 행 인 • 정 현 걸
발 행 • 신 아 사
인 쇄 • 대명프린팅
주 소 • 서울시 은평구 통일로 59길 4(2F)
전 화 • 02)382-6411 · 팩스 02)382-6401
홈페이지 • www.shinasa.co.kr
E-MAIL • shinasa@daum.net
출판등록 • 1956년 1월 5일 (제9-52호)

ISBN 978-89-8396-357-4(93320)

정가 13,000원